Lb.54 1857.

HISTOIRE

DE

LOUIS-NAPOLÉON

BONAPARTE.

Paris. — Imprimerie LACRAMPE Fils et Cie, rue Damiette, 2.

HISTOIRE

DE

LOUIS-NAPOLÉON

BONAPARTE

PAR

AMÉDÉE HENNEQUIN

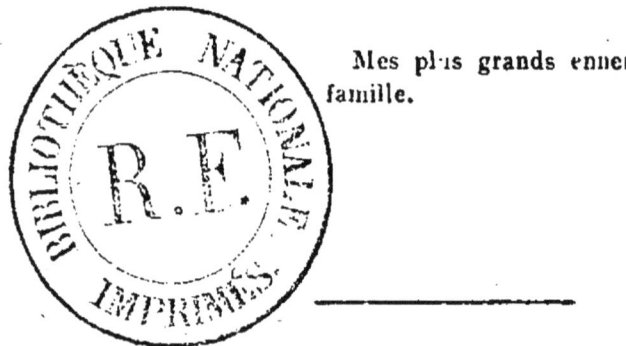

Mes plus grands ennemis sont dans ma famille.

NAPOLÉON.

PARIS

A LA LIBRAIRIE POLITIQUE DE FRANCE,

15, QUAI MALAQUAIS.

1848

PRÉFACE.

Il est opportun et facile d'écrire une histoire positive de Louis-Napoléon Bonaparte. Entre tous les contemporains fameux, l'auteur des complots de Strasbourg et de Boulogne a ce privilége, que les éléments de sa biographie sont déjà rassemblés, et qu'ils ont été contrôlés par l'instrument de critique le plus sûr, par la procédure criminelle des tribunaux français. La tentative de Strasbourg donna lieu à une information judiciaire, qui se dénoua, en 1837, devant le jury du Bas-Rhin. L'expédition de Boulogne fut étudiée avec plus de détails encore et plus de maturité par la Cour des Pairs, en 1840. Les éléments certains ne manquent pas davantage à celui qui veut caractériser le rôle que Louis-Napoléon joua en Suisse en 1838 (1). Enfin, les éditions des œuvres littéraires et politiques du prisonnier de Ham ne sont pas épuisées.

Nous avons essayé de mettre en œuvre ces documents authentiques.

Tous les faits que nous avons recueillis sont puisés, soit dans des témoignages judiciaires, soit dans des textes officiels.

Si l'étude la plus attentive des sources peut inspirer à un auteur sincère la confiance de ne pas avoir commis de méprise, nous affirmons que notre travail ne donnera lieu à aucune réfutation sérieuse. D'ailleurs, deux fragments considérables de cette histoire ont déjà subi l'épreuve de la publicité. Les chapitres I et III (*Strasbourg et Boulogne*) ont été

---

(1) Nous avons consulté particulièrement, à propos de cet épisode :

Souvenir des événements de 1838, par Leeman, officier suisse. Berne, 1840. — *Le prince Napoléon-Louis Bonaparte et le ministère Molé*, par Jules Lombard. Paris, 1839. — *Rapport* fait au Conseil représentatif, au nom de la commission nommée, le 19 septembre, pour l'examen du projet d'instruction sur la note de la France relative à Louis Bonaparte, par le professeur de la Rive. Genève, 1838. — *Le Moniteur* de 1838.

publiés par le journal *le Bien Public* (numéros des 17, 18, 19 et 20 septembre 1848).

Certain de posséder une base solide d'appréciation consciencieuse, nous avons usé du triple droit de l'histoire, de la critique littéraire et de la liberté républicaine envers le héros d'aventures célèbres, polygraphe fécond, aujourd'hui candidat à la plus haute fonction de la République.

Nous n'avons pas même tenté d'inutiles efforts pour parler gravement d'épisodes qui ont fait rire la France et le monde entier. Nous avons réservé notre sérieux pour rechercher les causes et prévoir les suites de la candidature de Louis-Napoléon.

Ce sujet était digne de séduire un écrivain plus habile et moins obscur. Personne, du moins, n'aurait pu dire ce qu'il croit être la vérité avec plus de désir que nous n'en avons d'épargner à notre pays, autant que cela dépend du zèle de chacun, les affronts et les ennuis.

HISTOIRE
DE
LOUIS-NAPOLÉON
BONAPARTE.

CHAPITRE PREMIER.

STRASBOURG.

Le prince Charles-Louis-Napoléon, second fils de Louis-Napoléon, roi de Hollande, et de la reine Hortense, fut atteint, dès sa plus tendre jeunesse, d'une manie singulière : neveu de l'Empereur, il crut que cette parenté lui conférait des droits au trône de France, et que, pour avoir hérité du nom, il possédait le génie de Napoléon. Il confondit le culte presque païen dont la nation entourait la mémoire de l'Empereur, avec un désir insensé de ressusciter une époque évanouie et de s'agenouiller devant une contrefaçon quelconque du vainqueur d'Austerlitz et de Wagram.

Lorsque le duc de Reichstadt vint à mourir, le prince Louis-Napoléon se considéra comme pleinement investi de la légitimité impériale qu'il avait inventée. Il noua en France diverses intrigues pour exploiter à son profit les souvenirs napoléoniens, profondément empreints dans la mémoire et dans le cœur du peuple. Quelques jeunes gens aventureux, quelques mécontents, séduits par le vernis démocratique qui recouvrait les desseins du prétendant, plusieurs grognards, fanatisés par la vue de l'aigle impériale et par les sourires d'une femme d'esprit, dévouée au prince et à son parti, embrassèrent la fortune de Louis-Napoléon, et le complot de Strasbourg fut formé.

Le 30 octobre 1836, à cinq heures du

matin, le colonel du 4ᵉ régiment d'artillerie ordonna à l'adjudant de service de faire assembler le régiment en armes, à pied et en petite tenue. Il commanda en même temps de ne point prévenir les officiers, et fit sonner aux maréchaux-des-logis. Ces sous-officiers furent chargés de partager deux pièces d'or entre les canonniers de chaque batterie.

Les soldats, réunis dans la cour d'Austerlitz, se demandaient avec étonnement la cause de cette prise d'armes extraordinaire et de cette distribution d'argent plus insolite encore, lorsqu'ils virent apparaître sept à huit personnes portant des costumes d'officiers français et escortant un drapeau surmonté d'un aigle. En tête de ce groupe marchait le prince Louis, vêtu *d'un costume semblable à celui que portait l'Empereur* (1). Cet état-major

---

(1) C'est dans ces propres termes que *l'Observateur des tribunaux* (t. XIII) rapporte la déposition faite par le général Woirol, devant la cour d'assises du Bas-Rhin, p. 140. M. Pleignier, lieutenant au 46ᵉ, dit de même : « Je vis s'avancer un jeune homme revêtu de l'uniforme de Napoléon. » P. 156. (Voir les preuves à la fin du volume.)

s'avança au milieu de la cour. Le colonel Vaudrey lut une proclamation qu'un officier résumait dans les termes suivants devant la cour d'assises du Bas-Rhin :

« Soldats du 4ᵉ régiment d'artillerie, une révolution vient d'éclater en France ; Louis-Philippe n'est plus sur le trône. Napoléon II, empereur des Français, vient prendre les rênes du gouvernement. Criez *Vive l'empereur !* »

Les canonniers obéirent à ce commandement de leur colonel.

Il y a des soldats naïfs, peu versés dans l'histoire de France, fort ignorants surtout en fait de généalogie napoléonienne. Un officier du 4ᵉ régiment d'artillerie, le capitaine Desmarets, entrait dans la cour du quartier d'Austerlitz au moment où les soldats poussaient ce cri de *Vive l'empereur !* dont l'ambiguïté perfide est la grande ressource politique du prince Louis. Par cette acclamation, la foule pense honorer une mémoire illustre, et ne se doute pas qu'elle consacre, sans le vouloir, une entreprise factieuse. — Qu'est-ce que cela signifie? demanda le capitaine. — C'est le fils de l'Empereur qu'on proclame, répondit un artilleur. — Mais il est mort. — Son fils, son petit-fils, un empereur enfin! s'écria un autre soldat (1). Le maréchal-des-logis Marcot, non moins surpris que son capitaine, demanda de quel empereur, de quel Napoléon il s'agissait. Parmi les canonniers, les uns lui répondirent que c'était le fils, d'autres le neveu de l'Empereur, d'autres enfin l'Empereur lui-même (2).

Enorgueilli par ces suffrages éclairés, le prince Louis prit à son tour la parole; il promit à tout le monde de l'avancement; puis, saisissant l'aigle impériale, il la présenta au régiment et la remit ensuite au colonel Vaudrey, en disant : « Je la confie au brave colonel Vaudrey, qui, comme moi, saura la défendre! »

(1) *Observateur des tribunaux*, p. 127.
(2) *Ibid.*, p. 132.

Le prince Louis, usurpant le commandement du régiment, se dirigea, musique en tête, sur l'hôtel de la division militaire. Le prince monta dans la chambre du général Woirol, qui commandait à Strasbourg, et, s'avançant vers lui, s'écria : « Venez, brave général, que je vous embrasse, et reconnaissez en moi Napoléon II. » Le général Woirol ne reconnut dans le prince Louis qu'une contrefaçon du costume et des allures de l'empereur Napoléon; il le repoussa et fut aussitôt retenu de force dans ses appartements. Bientôt le préfet du Bas-Rhin, coupable du même crime de lèse-majesté, fut consigné dans son hôtel, au nom de l'empereur Louis-Napoléon.

La parodie de l'empire dura deux heures, et se borna, pour tout trophée, à la capture de ces deux fonctionnaires. La cour d'une caserne avait vu l'avénement du prince Louis, une autre cour de quartier fut témoin de sa chute profonde.

Le prince Louis, ayant échoué dans sa

tentative de séduction auprès du général Woirol, s'avança vers la caserne de la Finckmatt.

Le 46ᵉ régiment d'infanterie occupait ce long bâtiment, qu'une cour étroite sépare des remparts de Strasbourg et qu'une ruelle encore moins large relie au faubourg de Pierre. Les amis du prince Louis ont écrit que le complot de Strasbourg, entreprise très-sérieuse et mûrement préparée, n'avait échoué que par des circonstances si soudaines, que le véritable Napoléon lui-même n'aurait eu le génie ni de les prévoir ni de les éviter. On assure que des intelligences vastes et sûres avaient été pratiquées, non-seulement dans la garnison de Strasbourg, mais dans toute l'armée. S'il en fut ainsi, on conviendra que, du moins, le secret n'avait pas été livré au sergent Kubler, du 46ᵉ.

Ce brave homme voyant défiler le 4ᵉ régiment d'artillerie, musique en tête, disait à ses voisins : « Ils ont tiré au tonneau de bonne heure. » Il ne se doutait guère qu'il assistait à la marche triomphale de Napoléon II, et qu'il était invité, ainsi que toute la garnison, à prendre part à la fête.

Un des acolytes du prince Louis dit, en passant devant Kubler : « Voilà encore un ancien brave; criez : Vive l'empereur ! » L'ancien brave répondit avec bon sens : « Je ne connais pas votre empereur; l'empereur est mort, vive le roi ! »

Cependant le cortége avait pénétré dans la cour de la Finckmatt ; mais ici la précaution qui avait fait le succès momentané du faux empereur auprès du 4e régiment d'artillerie, n'avait pu être prise. Les officiers ne furent pas séparés de leur soldats. Aussi le vertige de chauvinisme qui avait égaré un moment quelques pauvres têtes ne fut pas contagieux. Vainement le prince et ses amis prodiguèrent les promesses de grades, de décorations, d'argent (1). Après quelques instants de confusion et de pêle-mêle, le prince Louis Napo-

---

(1) *Loc. cit.* P. 159.

léon, dépouillé de sa majesté d'emprunt, honni, conspué, fut enfermé dans la maison d'arrêt de Strasbourg ; ses complices comparurent devant la cour d'assises du Bas-Rhin, mais le chef de l'entreprise fut mis en liberté sans jugement.

Nous n'avons pas à rechercher les raisons d'Etat qui conseillèrent cette mesure au gouvernement de Louis-Philippe. Toujours est-il qu'un usage aussi extraordinaire, sinon excessif, de la prérogative royale, engageait la reconnaissance de celui qui en fut l'objet Le prince Louis parut le comprendre, si nous en croyons une lettre qu'il écrivit le 11 novembre 1836, avant de s'embarquer pour l'Amérique. Ce document fut lu aux jurés du Bas-Rhin par l'un des défenseurs des accusés.

« Malgré mon désir de rester avec mes compagnons d'infortune et de partager leur sort, écrivait Louis Bonaparte, malgré mes réclamations à ce sujet, le roi, *dans sa clémence*, a ordonné que je fusse conduit à Lorient, pour passer de là en Amérique. *Quoique vi-*

vement touché de la générosité *du roi* » (ici M. Parquin, qui donnait lecture de cette pièce, s'interrompit pour dire à l'avocat général : « Vous voyez, monsieur, que parmi ses nombreux défauts, il ne faut pas compter l'ingratitude »), « je suis profondément affligé de quitter mes coaccusés, dans l'idée que ma présence à la barre, que mes dépositions en leur faveur, auraient pu influencer le jury et l'éclairer sur plusieurs faits importants...

« Certes, *nous sommes tous coupables envers le gouvernement d'avoir pris les armes contre lui ;* mais le plus coupable c'est moi ; c'est celui qui, méditant depuis longtemps une révolution, est venu tout à coup arracher des hommes à une position honorable, pour les livrer à tous les hasards d'un mouvement populaire...

« Vous voyez donc que c'est moi qui les ai séduits, en leur parlant de tout ce qui était capable de toucher un cœur français ; ils me parlaient de leurs serments, je leur rappelai qu'en 1815 ils avaient juré fidélité à Napoléon II et à sa dynastie... *Pour leur ôter même tout scrupule, je leur dis qu'on parlait de la mort presque subite du roi et que la nouvelle paraissait certaine. On verra par là combien j'étais coupable envers le gouvernement ; or, le gouvernement a été généreux envers moi, il a trouvé que ma position d'exilé, que mon amour pour la France, que ma parenté avec l'empereur, étaient des causes atténuantes* (1).

(1) L'authenticité de ce document résulte 1° de ce que l'*Observateur des tribunaux* constate (t. XIII, p. 302) qu'il fut donné lecture, par M. Parquin, dans sa réplique, de cette lettre du prince Louis; 2° de ce que les mêmes citations de cette même lettre se retrouvent dans une autre édition du *Plaidoyer et de la réplique de M. l'avocat Parquin pour M. le commandant Parquin son frère* (*Extrait du Courrier du Bas-Rhin*. Strasbourg, Silbermann, imprimeur, 1837, p. 44). S'il faut préciser davantage, je dirai que j'ai sous les yeux un exemplaire de cette édition de Strasbourg, portant une subscription de la main de M. Parquin, et donné par lui, comme hommage de confraternité, à mon père. Au reste, pour ce fait comme pour les autres, l'autorité de l'*Observateur des tribunaux*, eût-elle été isolée, nous aurait suffi. Car il est constant que le directeur de ce recueil judiciaire publia les documents du procès de Strasbourg avec l'agrément et la collaboration des principaux avocats des

Accusés. L'auteur du compte-rendu des débats cherche même autant que possible, à se montrer favorable au prétendant. C'est pour cela que, parmi les différentes versions qui ont été données au procès de Strasbourg, nous avons choisi celle de l'*Observateur*.

CHAPITRE II.

L'ÉPISODE THURGOVIEN.

La fin piteuse de l'équipée de Strasbourg, et surtout les protestations de reconnaissance et de repentir, adressées humblement à Louis-Philippe par Louis Bonaparte, avaient pleinement rassuré le gouvernement français. Le prétendant fut promené en Amérique et mis en liberté sans condition. On le redoutait si peu que, lorsqu'au mois de janvier 1837, il aborda en Angleterre et voulut se rendre en

Suisse, auprès de sa mère malade, l'ambassadeur de France, M. le général Sébastiani lui procura de très-bonne grâce un passe-port.

Si le nom de Napoléon ne constitue pas au profit de ses neveux un titre à l'empire de la France, c'est du moins, pourvu qu'on se résigne à le porter avec une modestie pieuse, une recommandation puissante en tout pays. Louis-Napoléon Bonaparte l'éprouva de bonne heure. En 1815 la reine Hortense avait trouvé un asile honorable dans le canton de Thurgovie. Elle s'était établie au château d'Arenenberg. L'enfance et la jeunesse du prince Louis s'écoulèrent dans cette belle résidence.

Tant qu'il parut accepter paisiblement son sort, et se dispenser des soins sublimes auxquels la Providence ne l'avait pas destiné, la Suisse lui prodigua des marques d'intérêt et de sympathie. Il reçut de la commune de Salenstein, le droit de bourgeoisie et de la société fédérale des carabiniers de Thurgovie, le titre de président. Enfin l'Etat de Berne lui donna le grade de capitaine d'artillerie, juste récompense du zèle qu'il avait déployé aux exercices du camp de Thun, et du talent de compilateur exact, dont il a fait preuve dans son *Manuel d'artillerie pour la Suisse.*

Les républicains de Thurgovie et de Berne ne se doutaient guère qu'ils réchauffaient sous leur tente, qu'ils enhardissaient, par ces honneurs modestes mais touchants, un empereur de fantaisie. Les miliciens du camp de Thun eussent été saisis d'un fou rire, si on leur eût signalé dans cette vocation affectée par Louis Bonaparte pour l'arme de l'artillerie, l'arme du vainqueur de Toulon, le premier symptôme de la manie qui le porte à suivre en toute chose les traces banales de son oncle.

L'échauffourée de Strasbourg avait fait un éclat scandaleux, mais éphémère. Tout à coup, dans le cours du premier semestre de 1838, un manifeste de parti, publié par l'un des conjurés de Strasbourg, apprit à la France que le prétendant était incorrigible et opiniâtre.

Louis Bonaparte n'est pas l'auteur de la *Relation historique des événements du 30 octobre* 1836. Mais cette brochure, composée sous ses yeux, parut avec son agrément. L'apologie du prétendant fut déférée à la cour des pairs ; les juges eurent entre les mains le manuscrit, et remarquèrent que plus d'une page avait été remaniée par le prince. Sa modestie ne s'était point effarouchée de cet éloge dont la postérité cherchera vainement le sens :

« La destinée avait permis que, dans la fa-
« mille de l'Empereur, il se trouvât un hé-
« ritier de ce grand nom, qui eût les épaules
« assez larges pour soutenir le poids de vingt
« ans de malheurs et le fardeau, bien plus
« lourd encore, d'un avenir qu'il lui fallait
« conquérir peu à peu par son mérite et son
« courage (1). » Répétons que c'est bien du

---

(1) *Relation des événements du 30 octobre 1836. — Le prince Napoléon à Strasbourg,* 1858, p. 8.

prince Louis qu'il s'agit dans ce passage.

L'héritier du nom de Napoléon proclamait donc de nouveau la légitimité de ses prétentions au trône de France. C'est pourquoi, le 1ʳ août 1838, l'ambassadeur français demanda expressément au directoire fédéral qu'il fût tenu de quitter le territoire helvétique.

La démarche était brusque ; le ton de la note diplomatique, impérieux. A la façon dont le gouvernement français entama et conduisit cette négociation, on sent le violent dépit d'avoir été abusé par Louis Bonaparte. M. Molé, alors ministre des affaires étrangères, a honte d'être importuné de nouveau par un adversaire que la clémence du roi et la risée universelle ont vainement châtié. Malheureusement, des démêlés antérieurs qu'il est inutile de rappeler pour l'honneur de la diplomatie, avaient froissé la fierté de la Suisse. Le sentiment d'indépendance nationale était monté au plus haut degré d'irritation et de susceptibilité.

Le vorort siégeait alors à Lucerne. La note de l'ambassadeur de France ayant été présentée à la diète, le député de Thurgovie n'attendit pas que son État l'eût muni d'instructions sur cette affaire soudaine. Il prit fait et cause pour le bourgeois de Salenstein, et le réclama comme un de ses concitoyens.

Il fut facile de prédire, dès cette première séance, que la querelle allait s'envenimer, à moins que le prince Louis ne fît son devoir et ne se retirât, de peur de devenir une cause de discorde entre deux nations amies.

Loin de là, le 20 août 1838, il adressa au grand conseil de Thurgovie une lettre officielle pour protester qu'il était revenu d'Amérique avec la ferme intention de rester étranger à toute espèce d'intrigue.

« On m'avait indignement calomnié, ajou-
« tait-il, on avait dénaturé des faits. J'ai per-
« mis à un ami de me défendre. Voilà la
« seule démarche politique qui, à ma con-
« naissance, ait eu lieu depuis mon retour.
« Mais le ministère français, pour arriver au

« but où il tend, continue toujours ses faus-
« ses allégations. Il prétend que la maison
« où ma mère vient de mourir, et où je vis
« presque seul, est un centre d'intrigues.
« Qu'il le prouve, s'il le peut ! Quant à moi,
« je démens cette accusation de la manière
« la plus formelle. Car ma ferme volonté est
« de rester tranquille en Thurgovie et d'évi-
« ter tout ce qui pourrait nuire aux relations
« amicales de la France envers la Suisse. »

Qu'il le prouve, s'il le peut!... Le défi est hautain et semble lancé par une conscience indignée; il est vraiment déplorable que cette preuve impossible, l'instruction du procès de Boulogne l'ait fournie manifeste et écrasante. C'est le 20 août 1838 que Louis Bonaparte déclarait solennellement et de la manière *la plus formelle*, que, depuis son retour en Suisse, il n'avait noué aucune espèce d'intrigue ambitieuse, et cependant il est prouvé aujourd'hui que, dès le mois de février de cette même année 1838, il se tenait à l'affût de tous les germes de troubles que son œil inquiet pouvait découvrir dans les rangs de l'armée française ; il cherchait à gagner des officiers. Un chef d'escadron d'état-major, M. de Mésonan, ayant été admis à la retraite contre son gré, avait fait retentir de ses plaintes les journaux de l'opposition.

A l'en croire, l'armée était mécontente. Aussitôt Louis Bonaparte, sans le connaître, lui avait écrit pour le complimenter, pour flatter sa colère, en un mot pour se l'attacher. M. de Mésonan devint, en effet, un des agents les plus actifs du prétendant. Arrêté à la suite de l'équipée de Boulogne, et interrogé sur la date première et sur la cause des relations qui l'avaient lié à la fortune du prince, M. de Mésonan, dans sa sincérité, fixa une date qui dément les protestations d'innocence et de sagesse adressées par Napoléon II au grand conseil de Thurgovie.

Si Louis Bonaparte avait, comme il l'affirmait, le sincère désir d'épargner à la Suisse et à la France une dissension funeste, que ne prenait-il deux mois plus tôt la résolution tardive qui mit fin à la querelle?

Devait-il être considéré comme Suisse ou comme Français? Cette question agitait la confédération entière. Loin d'éclairer la controverse, le prétendant n'eut d'autre soin que de l'entretenir par des déclarations ambiguës. Il n'avait garde de s'avouer Suisse franchement et sans détour, c'eût été renoncer à jamais à son titre d'empereur *in partibus*. Il évitait avec un soin égal de se déclarer hautement Français, de peur que la Suisse ne se désintéressât de la querelle, et qu'une grande occasion d'accroître son importance et d'occuper la renommée ne fût perdue. Le prince Louis se laissait donc attribuer, il se composait lui-même une nationalité amphibie mi-partie thurgovienne, mi-partie française. Il avait soin d'en dire assez pour exciter des inquiétudes en France et des scrupules en Suisse. Citons un nouveau passage de la lettre qu'il écrivait le 20 août 1838 au grand conseil de Thurgovie :

« L'invasion étrangère, qui, en 1815,
« renversa l'empereur Napoléon, amena
« l'exil de tous les membres de sa famille.
« Depuis cette époque, je n'avais donc léga-
« lement plus de patrie, lorsqu'en 1832 vous
« me donnâtes le droit de bourgeoisie du
« canton.

« C'est donc le seul que je possède. Le
« gouvernement français, qui maintient la
« loi qui me considère comme *mort civile-*
« *ment*, n'a pas besoin de s'adresser à la
« Suisse pour savoir qu'il n'y a qu'en Thur-
« govie où j'aie des droits de citoyen. »

Cette déclaration était faite de manière à
ne pas satisfaire la France, et à provoquer la
fierté des Thurgoviens. En effet, deux jours
après, le 22 août 1838, le grand conseil de
Thurgovie donnait à sa députation les instructions suivantes :

« L'Etat de Thurgovie repousse de la ma-
« nière la plus positive la demande tendant
« à ce que Louis-Napoléon Bonaparte soit
« renvoyé du territoire de la Confédération,

« attendu que ledit Louis-Napoléon Bona-
« parte a été reçu citoyen du canton de Thur-
« govie, et que par suite de cette naturalisa-
« tion acceptée par lui, il n'est et ne peut être
« que citoyen de ce canton, et cela, soit en
« vertu de la constitution thurgovienne, soit
« en vertu de la législation française, se réfé-
« rant du reste à la missive dudit L. N. B.
« adressée au grand conseil le 20 août. »

La décision prise par l'Etat de Thurgovie entraîna l'opinion et dicta l'attitude de la majorité des cantons. Cependant le gouvernement français devenait chaque jour plus pressant. M. Molé écrivait à l'ambassadeur de France en Suisse :

« Louis Bonaparte a assez prouvé, assuré-
« ment, qu'il n'était accessible à aucun sen-
« timent de reconnaissance, et qu'une plus
« longue patience de la part du gouverne-
« ment français ne ferait que le confirmer
« dans son aveuglement et l'enhardir à de
« nouvelles trames. »

Une armée se rassemblait à Lyon, à Besançon, à Béfort. Le vent de la guerre soufflait sur la Suisse. Les Etats de Vaud et de Genève s'empressaient de mettre tout leur contingent sur pied. Les Genévois se distinguèrent par leur ardeur militaire. Dans l'attente d'une paix éternelle, ils avaient laissé les fortifications de leur cité s'abaisser du côté qui regarde la France. Au premier cri d'alarme, la population tout entière releva les remparts, convertis en promenade. La ville fut mise en état de soutenir un long siége. Des enfants, des adolescents, exclus par leur âge des rangs de la milice, se formèrent en corps francs sous le nom d'*enfants de Genève*. Cependant, sur toute la frontière on voyait briller des baïonnettes françaises. Le commencement des hostilités était à la merci d'une rixe d'avant-poste; hostilités odieuses! car l'on sait que les traités de 1815 ont déplacé les limites qui séparent la France et la Suisse. Des communes françaises ont été rattachées aux cantons de Genève et de Berne. Grâce au prince Louis, ces Suisses d'hier, ces Français d'origine, étaient exposés aux premiers coups de nos soldats : il leur fallut opter entre leur cité nouvelle et leur patrie.

Le semi-Thurgovien comprit enfin l'odieux du rôle qu'il jouait. Il demanda ses passe-ports; le 14 octobre, il s'éloigna d'Arenenberg, et aussitôt l'armée française fut dissoute; il partit pour l'Angleterre, après avoir payé par de longs jours d'agitation dispendieuse et d'angoisses l'hospitalité qu'il avait reçue de la Suisse; après avoir semé entre les deux nations des germes de discorde que l'avénement de la république en France pouvait seul extirper.

En s'éloignant, le prince Louis avait adressé à la Suisse des remercîments, auxquels les hommes sérieux de ce pays n'avaient pas aspiré. Il écrivait, le 22 septembre 1838, au petit conseil de Thurgovie :

« Je n'oublierai jamais la noble conduite
« des cantons qui se sont prononcés si cou-
« rageusement en ma faveur. » Illusion de

prétendant, qui prend pour un témoignage d'une sympathie personnelle, et peut-être d'un enthousiasme dynastique, l'émotion belliqueuse d'un peuple jaloux de sa propre indépendance

La Suisse s'était armée à l'occasion du prince Louis, non pas, certes, pour lui : les hommes d'État qui sont dans le sein de la diète helvétique, soit dans les grands conseils des différents cantons, résistaient avec le plus de fermeté à la demande de la France, déploraient en même temps que le principe de la nationalité fût engagé dans de si malencontreuses circonstances. Dès le début de la querelle, le député de Lucerne, l'avoyer Kopp, tout en refusant d'expulser un citoyen de Thurgovie, sur la demande d'un ambassadeur, disait :

« Il est hors de doute que Louis Bona-
« parte a manqué à la France et à la Suisse.
« Comme Français, il devait savoir qu'il re-
« nonçait à cette qualité en se faisant rece-
« voir citoyen de Thurgovie ; néanmoins il a

« tenté l'insurrection de Strasbourg. Lu-
« cerne ne souhaite pas à la Suisse beau-
« coup de républicains de cette espèce, et ne
« saurait féliciter Thurgovie de l'acquisition
« d'un citoyen qui comprend si
« devoirs qu'impose le titre de républi-
« cain. »

Un mois plus tard, au plus fort de cette fièvre militaire qui transportait toute la population de Genève, le professeur de la Rive, rapporteur de la commission nommée par le grand conseil pour formuler les instructions des députés en diète, commençait son rapport par la déclaration suivante :

« Pour nous, Louis Bonaparte a été uni-
« quement la personnification d'un principe,
« et, comme tel, nous l'avons toujours en-
« visagé sans haine ni faveur. »

Louis Bonaparte est-il légalement citoyen suisse ? voilà l'unique question qui préoccupait le grand conseil de Genève.

Nous ne craindrons pas d'emprunter au rapport de M. de la Rive de longues citations, car il est impossible de bafouer avec plus d'autorité et de bon sens le fantôme de la légitimité impériale, et d'exprimer plus franchement les véritables motifs du refus d'expulsion opposé par la Suisse au gouvernement français. Laissons parler M. de la Rive :

« On nous dit que Louis Bonaparte ne
« peut pas être Suisse parce qu'il est un pré-
« tendant. Est-il un prétendant ? Non, ré-
« pondra-t-on, si on veut trouver chez lui
« les conditions que l'histoire et l'examen lo-
« gique de la question exigent chez un préten-
« dant. Oui, diront les personnes qui, consul-
« tant uniquement ce que leur dicte une im-
« pression générale, ne voient dans le chef de
« l'insurrection de Strasbourg qu'un ambi-
« tieux qui cherche un trône. — Louis Bona-
« parte est-il Suisse ? Oui, répondra-t-on, si
« l'on veut bien se borner à envisager la ques-
« tion sous le point de vue unique du droit et
« de la légalité. »

Se plaçant sur le terrain de la légalité, le

seul qui présentât, disait-il, une base solide, M. de la Rive niait que Louis Bonaparte eût la moindre raison, le moindre prétexte d'affecter le titre de prétendant :

« Un homme a occupé un trône, disait le
« rapporteur du grand conseil de Genève, peu
« importe l'origine de sa souveraineté ; il en
« est tombé : certes, personne ne niera qu'il ne
« soit un prétendant. Napoléon, après l'abdi-
« cation de Fontainebleau, était un préten-
« dant ; 1815 l'a prouvé. Un prince appartient
« à une famille royale dans laquelle il y a eu,
« par hérédité, une série de souverains, mais
« à laquelle les événements ont enlevé le
« trône ; il est celui qui, dans l'ordre de suc-
« cession, aurait dû occuper ce trône : per-
« sonne ne niera encore qu'il ne soit un pré-
« tendant. Louis XVIII, après la mort de
« Louis XVII, était un prétendant ; la restaura-
« tion en est la preuve. Mais demanderons-
« nous, Louis Bonaparte remplit-il l'une ou
« l'autre de ces conditions ? Il n'a jamais oc-
« cupé le trône. Il n'appartient nullement à

« une famille dans laquelle le principe d'hé-
« rédité ait été mis en activité. Napoléon n'a
« pas eu de dynastie, car la sienne a commencé
« et fini avec lui. D'ailleurs, en supposant
« même qu'on pût regarder l'héritier direct
« de l'empereur Napoléon comme un préten-
« dant, le titre n'irait pas à Louis Bonaparte ;
« il y en a au moins deux avant lui, son oncle
« Joseph et son père Louis Bonaparte. Or,
« d'après les exemples mêmes qu'on a cités,
« les prétendants par droit d'hérédité ont tou-
« jours été les héritiers en première ligne.

... « Non, pour voir en Louis Napoléon un
« prétendant, il faut être encore puissamment
« sous le prestige du grand homme qui avait
« voulu faire adopter sa famille à la France,
« en essayant de la couvrir du manteau de sa
« gloire. Et, quant au sénatus-consulte qui
« faisait entrer Louis Bonaparte dans la ligne
« de succession au trône impérial, nous n'en
« parlerons pas ; car, aboli par la déchéance
« de l'Empereur, il ne peut être invoqué en
« faveur de prétentions qui, dans le cas même

« où elles ont quelque fondement, ne s'ap-
« puient jamais sur des textes de lois, et en-
« core moins sur des décrets. Nous sommes
« convaincus que si l'on remonte à la cause
« qui a assuré à Napoléon la souveraineté de
« la France, on pourrait trouver dans plus
« d'un de ses compagnons d'armes des pré-
« tendants plus réels et plus dangereux que
« le fils obscur du troisième des frères de
« l'Empereur. »

M. de la Rive, après une discussion approfondie, concluait que Louis Bonaparte
avait irrévocablement perdu la qualité de
Français, et que, citoyen de Thurgovie, il devait être protégé par ce titre, mais par ce titre seul, contre la demande de l'ambassadeur
français. M. de la Rive disait en terminant :

« Louis Bonaparte n'a-t-il pas déclaré, dans
« sa lettre du 20 août, que la Thurgovie était
« le seul pays où il eût les droits de bour-
« geois et de citoyen ? N'a-t-il pas été, à son
« retour d'Amérique, d'abord au consul suisse,
« lui demander un passe-port en sa qualité

« de Suisse avant de s'adresser à l'ambassa-
« deur français? N'a-t-il pas exercé ses droits
« de citoyen, exercice imcompatible avec le
« titre honorifique de citoyen; titre qui d'ail-
« leurs est exclu par la constitution de Thur-
« govie? Supposons un instant que le gouver-
« nement actuel de France crût dans quelques
« années, ce qui n'est point improbable, être
« assez consolidé pour permettre à la famille
« Bonaparte de rentrer en France, et que Louis
« Bonaparte usant de cette faculté fût ensuite
« élu membre de la chambre des députés.
« Croit-on qu'il ne serait pas repoussé
« comme Suisse, et comme ayant renoncé à sa
« qualité de Français, et que les arguments
« qu'on invoquait contre Benjamin Constant
« et le général Woirol, qui, certes, avaient
« droit l'un et l'autre de se dire Français, ne
« fussent pas invoqués avec bien plus de rai-
« son et de force contre ce jeune homme? »
On voit que la Suisse n'avait nul désir de
tenir l'étrier à l'ambition du prince Louis.
Cette nation sensée acceptait avec résigna-

tion, avec dévouement, le confédéré que l'Etat de Thurgovie lui avait imposé. Elle ne se glorifiait pas de cette acquisition. Les derniers sacrifices ne lui eussent pas coûté pour maintenir l'intégrité du principe personnifié dans Louis Bonaparte. Ce qu'elle pensait de l'homme, de sa conduite politique, de ses prétentions, l'avoyer Kopp et le professeur de la Rive nous l'ont fait connaître assez clairement. Que serait-ce si nous citions les jugements qui furent portés à cette même époque par les hommes d'Etat, par les journaux (1), par les cantons qui ne partageaient pas, sur la question de légalité, l'opinion des Etats de Lucerne et de Genève?

Cependant, Louis Bonaparte n'avait pas encore donné pleine carrière à son génie d'entreprises, et il lui restait à se surpasser lui-même par son expédition de Boulogne.

(1) Voir entre autres journaux *la Gazette univeselle rsuisse* du 27 août 1838 et *le Constitutionnel neufchâtelois*, 1838. Passim.

CHAPITRE III.

BOULOGNE.

Toujours travaillé de sa monomanie impériale, le prince Louis n'avait tiré qu'une seule leçon de son échauffourée de Strasbourg. Lors de sa première entreprise, le moment de son apparition avait été si promptement suivi de sa chute, qu'il n'avait pas eu le temps de livrer à l'impression les proclamations et décrets destinés à soulever l'enthousiasme populaire. Cette fois, avant de se mettre de nouveau en scène, il eut la précaution de faire imprimer à Londres, dans son hôtel, à l'aide d'une presse à bras, les affiches et prospectus de son gouvernement de théâtre.

Le prince Louis se présentait comme héritier légitime de l'empereur Napoléon, ayant droit à la couronne de France, en vertu du sénatus-consulte de l'an XII. Cependant il voulait bien consentir à faire contre-signer sa légitimité par un congrès national. La démocratie que le nouvel empereur se proposait d'instituer aurait été d'un genre éminemment tempéré. Le prétendant avait désigné comme chef de son gouvernement provisoire M. Thiers, alors premier ministre du roi Louis-Philippe.

« Nous avions l'intention de changer le gouvernement des Bourbons et d'y substituer la dynastie impériale. C'était du moins mon intention personnelle (1), répondait

---

(1) COURS DES PAIRS. Attentat du 6 août. *Interrogatoire des inculpés*, p. 79.

l'un des amis du prince aux magistrats chargés de suivre l'instruction judiciaire qui se dénoua devant la cour des pairs. L'intention personnelle de ce conjuré ne contrarierait en rien les desseins du prétendant, si nous en croyons la déclaration faite par M. de Montholon, major général du quartier général de Boulogne : « Le prince cherchait toute espèce de moyens de rentrer en France à main armée, et de reprendre la couronne de France (1). »

Le prétendant avait donc rédigé à l'avance trois proclamations adressées à la nation française, à l'armée et aux habitants du département du Pas-de-Calais. A ceux-ci, il promettait les douceurs de la paix ; il disait textuellement : « J'ai des amis puissants à « l'extérieur comme à l'intérieur, qui m'ont « promis de me soutenir. » Aux soldats, il faisait entrevoir les profits de la guerre : « Soldats ! s'écriait-il, la grande ombre de

---

(1) *Ibid.*, p. 38.

« Napoléon vous parle par ma voix. » A la nation française il disait : « Français, je « vois devant moi l'avenir brillant de la pa- « trie. Je sens derrière moi l'ombre de l'em- « pereur Napoléon, qui me pousse en avant. « Je ne m'arrêterai que lorsque j'aurai repris « l'épée d'Austerlitz, remis les aigles sur nos « drapeaux et le peuple dans ses droits. » C'est par le ministère de M. Thiers, qui n'était pas encore républicain, que le prince Louis avait résolu de restituer à la nation française le droit de le proclamer empereur.

En annonçant qu'il voulait reprendre l'épée d'Austerlitz, l'imprudent faisait allusion à l'un des plus tristes épisodes de sa folie de Strasbourg. De la noble relique dont il devait être le gardien pieux, il n'avait su faire que l'une des pièces de son accoutrement d'empereur; il l'avait laissée choir de ses mains dans la cour de la caserne de la Finckmatt. Etrange fortune des choses! L'épée d'Austerlitz figura sur la table de la cour d'assises de Strasbourg, parmi les pièces à

conviction, à côté de la plaque du prince Eu=
gène (1).

Le prince Louis a écrit quelque part avec une bonhomie singulière : « Tous les hommes sont plus ou moins acteurs. » Résolu à jouer une seconde fois le personnage de l'Empereur, il avait soigné la mise en scène avec un redoublement de zèle. Il s'était muni d'un drapeau tricolore, illustré par le nom des principales victoires de l'Empire, et surmonté d'un aigle de bois doré. Un aigle vivant fut trouvé parmi les bagages du prince. La Renommée s'est beaucoup occupée de ce volatile, et l'a rangé parmi les oiseaux savants, bien au-dessus des canaris qui tirent le canon. Les journaux du temps ont raconté qu'attiré par une amorce habilement cachée aux regards des profanes, l'aigle de Boulogne était exercé à voltiger autour du petit chapeau de *son empereur*. Les conjurés avaient, en

---

(1). *Observateur des tribunaux*, t. XIII, p. 73.

effet, embarqué avec eux un aigle vivant (1). Mais, sur ce fait certain, on a brodé, selon la coutume, des détails poétiques. L'aigle de Boulogne ne sortit pas de sa cage. Personne ne le montra comme un messager du destin. Avait-il un rôle à jouer dans la représentation projetée ? On ne saurait le dire, puisque la pièce fut sifflée dès le prologue, et qu'en guise de toile, les portes de la prison de Boulogne tombèrent sur les acteurs.

Le matériel de la conspiration était fort compliqué. Le prétendant avait fait acheter à Paris, chez les fripiers du Temple, de vieux uniformes de soldats d'infanterie; il avait présidé à Londres à la fabrication de boutons de métal au chiffre du 40e régiment de ligne, et préparé ainsi un stratagème que nous raconterons. C'est à de tels moyens que le prince Louis était réduit à recourir pour appuyer une cause que, dans ses pro-

---

(1) Cours des Pairs. Déposit. des tém. « Ils avaient aussi un aigle vivant. » Témoin Davies, p. 99.

clamations signées *Napoléon*, il osait appeler nationale.

D'autres piéges moins innocents avaient été tendus à ceux que cet étalage des souvenirs et des emblèmes de l'empire n'aurait pas séduits. La proclamation adressée à l'armée promettait des récompenses éclatantes à tous les officiers, sous-officiers et soldats qui montreraient de la sympathie pour la cause nationale. Le prétendant avait réalisé toute sa fortune avant de s'embarquer pour la France. Lorsqu'il fut arrêté, il portait dans ses poches une somme d'environ 500,000 fr. en or et en banknotes (1).

Il est naturel que le chef d'une entreprise aventureuse se mette en mesure de subvenir aux dépenses qu'il doit prévoir. Mais l'or que le prétendant apportait en France n'était pas destiné à solder uniquement des fournitures. Le procureur général du roi Louis-Philippe disait au prince Louis, traduit de-

---

(1) Témoin. M. Adam, maire de Boulogne, *loc. cit.*, p. 50.

vant la cour des pairs : « Vous accusez notre gouvernement de corruption, et vous avez fait pratiquer l'embauchage et distribuer l'argent pour acheter la trahison (1). » Ces paroles sont bien dures. Sont-elles injustes? Le lecteur en jugera par les faits qui vont suivre.

Après avoir préparé, comme nous l'avons dit, sa parodie du retour de l'île d'Elbe, le prince Louis nolisa à Londres le bateau à vapeur *la Ville d'Édimbourg*, et s'embarqua le 4 août 1840. Hambourg était le but apparent du voyage. Cependant le capitaine reçut ordre de faire plusieurs stations le long de la Tamise, et lorsque *la Ville d'Édimbourg* voguait dans la Manche, elle avait à bord une soixantaine de passagers. Le prince Louis vivait à Londres en prétendant et en grand seigneur ; il avait recruté une sorte de maison militaire et un nombreux domestique. Ses valets de chambre, cuisiniers, palefreniers, maîtres d'hôtel, cochers, cour-

(1) Cour des Pairs, réquisitoire et répliques de M. Franck-Carré, p. 19.

riers, écuyers, grooms, chasseur, maître d'escrime, secrétaire, jardinier, coiffeur, l'accompagnaient; ces pauvres diables croyaient assister à une excursion de plaisir, à une partie de chasse et de navigation, et ne se doutaient pas qu'ils étaient destinés à former le noyau de la nouvelle grande armée.

Le lendemain seulement, le prince leur communiqua ses profonds desseins; il les harangua du haut de l'une de ses voitures accrochée sur le pont, leur disant qu'il n'avait pu résister plus longtemps au vœu du peuple français, et qu'il les avait choisis pour lui servir de cortége jusqu'à Paris. (1).

En même temps les faux uniformes du 40° de ligne, sublime conception du prince, étaient apportés sur le pont. Le prétendant ordonnait à ses domestiques de dépouiller leurs livrées et de se déguiser en soldats. Un de ces grognards improvisés faisait com-

---

(1) « Je pense qu'il a dit qu'il venait à Paris pour y être roi. » (*Interr. des inculpés*, p, 244.)

prendre à la justice la répugnance qu'il eut à se prêter à cette humiliation de l'uniforme français : « On nous a distribué à chacun un « costume, disait l'un des passagers de la « *Ville d'Édimbourg*, j'ai eu celui de capo-« ral. On me remit à moi, qui ne sais ni « lire ni écrire, une capote et des galons de « caporal (1). »

Après avoir ainsi levé, dans son antichambre, le premier contingent de son armée future, l'empereur fit largesse. Des distributions d'argent et de vin eurent bientôt dissipé ou noyé la surprise et l'anxiété de ces soldats postiches. Chacun d'eux reçut une gratification de cent francs. Quant aux autres moyens qui furent employés pour stimuler leur enthousiasme, laissons-les décrire par les gens de l'équipage, et particulièrement par le capitaine Crow et le garçon de barre, Hobbs. Le juge d'instruction demande à Crow : « Avez-vous vu les passa-

---

(1) *Ibid.*, p. 201 et 240.

gers boire? — Crow : Oui, avec excès ; je n'ai jamais vu semblable chose (c'est le capitaine d'un paquebot anglais qui parle)... La veille du débarquement, j'entendis, dans la journée, de ma chambre, des hourras sur le pont. Je montai de suite ; mais, n'entendant pas le français, je ne pus savoir quelle était la cause de ce tumulte ; et comme tous les passagers avaient beaucoup bu et mangé dans la traversée et mené une vie très-joviale, j'attribuai les clameurs qu'ils poussaient à la disposition d'esprit dans laquelle ils devaient être après une si grande consommation (1). » Hobbs confirme le récit du capitaine Crow : « J'ai vu dans la chambre beaucoup d'argent. Les passagers me paraissaient lire des imprimés... Les passagers ont passé toute la nuit à boire et à manger. Je ne faisais rien autre chose que de déboucher des bouteilles et servir à manger (2). »

---

(1) *Dépositions des témoins*, p. 75. Voir aussi p. 81, 88 et 94.
(2) *Ibid.*, p. 94.

Le mardi 4 août, à six heures du matin, *la Ville d'Édimbourg* aborda la côte de France, à Vimereux, non loin de Boulogne-sur-Mer. Aussitôt le cortége prit son ordre de bataille ou plutôt de triomphe. Le prétendant, je veux dire l'empereur (car déjà sa bande de séides et de créatures l'avait salué de l'acclamation impériale) marchait en tête.

Derrière lui, un officier portait l'aigle de bois doré ; puis venaient le gros de la bande et les laquais costumés en sous-officiers du 40ᵉ de ligne. Le prétendant comptait se frayer les voies de l'empire par la corruption. Non-seulement il portait sur lui 500,000 fr. en bank-notes et en or, mais plusieurs de ses acolytes avaient suspendu à leur cou des rouleaux de fer-blanc remplis de pièces d'or. D'autres tenaient à la main des sacs de monnaie (1).

La troupe de l'empereur postiche rencon-

---

(1) Voir les *Preuves* à la fin du volume,

tra d'abord un poste de douaniers ; et comme ces braves gens restaient sourds au cri de *Vive l'Empereur !* qui retentissait à leurs oreilles, le prince Louis fit offrir au lieutenant une pension de douze cents francs, s'il voulait se ranger de son parti (1). Le lieutenant refusa, et les douaniers, qui avaient été contraints par la force de se mêler au cortége, s'esquivèrent bientôt. Des curieux, des pêcheurs, des enfants, attirés par les clameurs et par l'étrangeté du spectacle, s'étaient rassemblés. On leur jetait des pièces de monnaie en leur annonçant que la famille de Napoléon allait être rétablie sur le trône par l'armée et le peuple.

La *jeune garde* se dirigeait vers Boulogne. En passant devant la colonne érigée sur le

(1) Le prince Louis a fait l'aveu de cette tentative de corruption. (*Interr. des inc.*, p. 13.) — D. N'avez-vous pas offert au commandant du poste une somme d'argent s'il voulait marcher avec vous ? — Le prince. Je la lui ai fait offrir, mais il l'a refusée.

Devant la cour des pairs, le prince Louis déclara qu'il ne se souvenait pas de ce fait, qu'il avait avoué précédemment.

bord de la mer en l'honneur de la grande armée, elle poussa le cri hébété de *Vive la colonne!* témoignant ainsi à quel point les libations faites durant la traversée avaient troublé le sens des agents inférieurs du complot.

La garnison de Boulogne-sur-Mer se composait de deux compagnies d'élite du 42e de ligne. Un lieutenant de ce régiment prenait part au complot. Il s'était fait fort *d'enlever par des acclamations* (1) ce faible détachement. Les acclamations échouèrent. Moins chanceux encore qu'à Strasbourg, le prince Louis ne réussit à mystifier personne, pas même un poste de quatre hommes et un sergent qu'il aborda sur la place d'Alton.

Le lieutenant conjuré avait pris les devants. « Vite aux armes, aux armes ! » cria-t-il au factionnaire, « voici *le prince qui arrive.* » Dociles par instinct à la voix d'un officier de leur régiment, troublés par les cris qu'ils entendaient, éblouis par le spectacle

(1) *Interr. des inc.*, p. 107.

des grosses épaulettes, des plaques brillantes, du drapeau et de l'aigle doré, les soldats présentèrent machinalement les armes ; mais le lieutenant, complice du prince Louis, ayant ordonné au sergent d'abandonner son poste et de se joindre au cortége, celui-ci, remis de sa surprise, refusa de marcher sans un ordre de la place. « Venez avec nous, tout ira bien, » lui disait l'un. « Vous serez puni, » menaçait un autre. « Puni ou non, » répondit le sergent Domange, « je fais mon devoir et je reste à mon poste ! »

Le prince Louis n'était pas au bout des mécomptes et des affronts qu'il devait essuyer. Désespérant de triompher de la résistance de ce bon soldat, il passa outre et s'avança vers la caserne occupée par les deux compagnies du 42e de ligne.

Le lieutenant, toujours alerte, avait précédé le reste de la bande. Il était entré dans la caserne, le sabre à la main, criant : « Voilà le prince, vive l'Empereur ! vive Napoléon ! Que les hommes descendent, en quelque tenue qu'ils soient. » En même temps les soldats déguisés par le prince Louis, faisant cette fois leur véritable office de laquais, se répandaient dans les chambrées et dans les cours, des bouteilles de rhum à la main ; ils s'efforçaient en semant l'ivresse, de suppléer à l'enthousiasme. Recueillons le témoignage curieux et précis du grenadier Geoffroy :

« Le 4 août, je faisais la cuisine à la ca-
« serne, lorsque, vers cinq heures trois
« quarts du matin, des officiers, accompa-
« gnés de soldats, sont entrés dans la cour,
« et, après s'être mis en bataille, ils ont à
« plusieurs reprises proféré le cri de *Vive*
« *l'Empereur !* Je manifestais ma surprise à
« mon camarade en lui disant : « L'empe-
« reur est mort ; il est donc revenu vivant, »
« lorsque je vis entrer dans notre cuisine
« un officier et un sergent décoré, que je re-
« connaîtrais peut-être si je le revoyais en
« uniforme. Le sergent portait une bouteille,
« et l'officier avait le sabre à la main. Tous
« deux me dirent de boire un coup et de

« crier *Vive l'Empereur !* Je leur répondis que
« je ne buvais pas et que je ne criais pas *Vive
« l'Empereur !* puisqu'il était mort. L'officier
« dit alors : « Puisque vous ne voulez pas
« boire, je vais vous faire boire de force. Dé-
« pêchez-vous de vous mettre en tenue et de
« prendre vos armes ; nous avons l'ordre
« de votre colonel ; nous marchons sur Pa-
« ris. C'est un officier de chez vous qui com-
« mande. »

Les soldats s'étaient rassemblés dans la cour et se montraient le prince Louis les uns aux autres, en disant : « Tiens, voilà Napoléon. » En même temps les distributions de rhum continuaient. Cependant c'est à peine si une vingtaine de soldats se laissèrent aller à pousser le cri de *Vive l'Empereur !* qui sortait si naturellement et si ingénument de leurs lèvres, avant que l'ambition d'un prétendant en eût fait un équivoque factieux. Au dehors, les acclamations étaient moins rares. Un individu, habillé en officier, les achetait à beaux deniers comptants. Il tenait à la main son chapeau, rempli de pièces de cinq francs, et, les distribuant à la foule, il leur disait insolemment : « Criez vive l'Empereur ! (1) »

Ce fut le plus beau moment de cet empire de six minutes. Le nouvel empereur avait rassemblé autour de lui les *trois cents gueulards* (2) dont un des conjurés de Strasbourg déclarait, dans un épanchement intime, le concours nécessaire au succès de tout complot bonapartiste.

Le succès du prince Louis fut de courte durée ; il avait harangué les soldats et, si on les en croit, il s'était présenté à eux comme le fils de Napoléon, du moins ils le prirent pour tel. Celui qui comptait, parmi les moyens de gagner les âmes à sa cause, les distributions d'argent et de liqueurs fortes, ne devait pas faire appel aux sentiments généreux. Per-

(1) Témoin Febvre, voltigeur, *Dépos.* p. 142.
(2) *Observateur des tribunaux*, p. 119. — Le président. Prévenu De Q..., ces enfants qui criaient ne sont-ils pas les *trois cents gueulards* que vous demandiez dans certaine lettre ? — R. Non, monsieur, nous n'en avons pas eu besoin ; tout le monde était assez bien disposé.

sonne n'était dans la cour de la caserne de Boulogne pour reproduire la harangue du prince Louis ; mais si le texte nous manque, les dépositions des auditeurs, qui se confirment en se répétant, nous livrent le sens du discours. Écoutons les soldats interrogés par la cour des pairs.

Jean Meyer, voltigeur : « L'un d'eux s'est avancé vers nous et nous a dit qu'*il était le fils de Napoléon ;* que nous étions maltraités, qu'il nous rendrait heureux, et que nous serions bien payés. » (*Dép. des tém.*, p. 155.)

Joseph Meny, voltigeur : « Le prince s'est avancé vers nous, et a dit : *Je suis le fils de Napoléon ;* vous êtes des esclaves ; je veux vous rendre heureux. Vous viendrez à Paris ; vous serez bien payés. » (P. 156.)

Georges Koehly, voltigeur : « Le prince Louis Napoléon a dit : *Je suis Napoléon ;* soldats, vous allez revoir vos aigles. Vous serez heureux ; vous aurez des grades et des décorations. » (P. 158.)

Antoine Gendre, voltigeur : « Le prince s'est approché, et a dit : *Je suis le fils de Napoléon; suivez-moi.* Vous ne serez plus maltraités; nous allons à l'hôtel du Nord commander un dîner pour moi et pour vous, et demain nous marchons sur Paris. Il a promis des grades et des croix. » (P. 143.)

Le prince avait fait des promotions, comme un de ses complices le disait devant la cour des pairs, avec un sérieux plaisant. Il avait prodigué les grades et les décorations. Aux sous-officiers il avait dit : « Je vous nomme officiers, soyez au nombre de mes braves. » Ces avances furent mal reçues. Louis-Napoléon, apostrophant le sergent de grenadiers Chapolard, lui dit : « Je vous fais capitaine de grenadiers, et je vous donne la croix que je porte. — Prince, je refuse, je ne veux rien, » répondit l'honnête sergent; et, s'adressant aux soldats : « Grenadiers, il s'agit d'une conspiration; je prends le commandement de la compagnie, ne faites que ce que je vous commanderai, » et il ordonna de mettre l'arme au pied en attendant les officiers.

La leçon était dure; elle présageait au prince Louis d'autres affronts plus humiliants. A Strasbourg comme à Boulogne, son plus grand soin avait été de mettre ses soldats hors de la portée des officiers qui n'étaient pas initiés au complot. Apparemment il faisait à ceux-ci l'honneur de penser que, par respect pour la mémoire de l'Empereur lui-même, ils ne s'agenouilleraient pas volontiers devant la parodie de l'empire, et qu'ils ne se laisseraient pas prendre aux grossières amorces du petit chapeau et de l'aigle de bois doré. En ceci, du moins, le prince ne se trompait pas.

Il y a dans notre histoire militaire des journées plus brillantes que celle du 6 août 1840; il n'en est pas de plus sérieusement honorable. Aucune n'a mis plus en relief la sagesse, la dignité, l'esprit de discipline de l'armée française. Sous ce point de vue, les moindres épisodes de la tentative de Boulogne sont dignes d'intérêt. Aujourd'hui, plus que jamais, il convient de les recueillir et de les célébrer.

Quelques faux soldats du 40ᵉ avaient été apostés par les conjurés autour de la caserne; leur consigne était de ne laisser pénétrer dans le quartier aucun officier étranger au complot. Cependant un lieutenant du 42ᵉ avait réussi à s'échapper; il était allé prévenir son supérieur, le capitaine Col-Puygellier; celui-ci accourut aussitôt, accompagné du lieutenant de Maussion, du même régiment.

Au premier obstacle qu'ils rencontrèrent, ces deux officiers mirent le sabre à la main. Le capitaine Col, s'adressant aux domestiques-soldats qui lui barraient le passage, s'écria : « Si vous êtes gens d'honneur, apprenez qu'on vous porte à trahir ! — Non, on ne trahit point, répondit un des suivants du prince Louis. Criez : Vive le prince Louis ! vive l'empereur ! — Je ne crierai point; mais où est-il ? » reprit le capitaine Col. Le prince Louis s'avança au-devant de l'officier, et, de son air le plus séduisant : « Me voilà, dit-il ; je suis le prince Louis ; soyez des nôtres, et vous aurez tout ce que vous voudrez. Je suis le neveu de l'empereur Napoléon. Je ne suis pas venu ici pour faire la guerre civile, mais pour rallier les braves de l'empire à la cause nationale. » Comme il continuait, le capitaine Col l'interrompit par ces mots : Prince Louis ou non, je ne vous connais pas. Je suis ancien militaire ; j'ai servi l'Empereur, je respecte sa mémoire, et maintenant je sers le gouvernement de mon pays. Mais vous, vous n'êtes à mes yeux qu'un conspirateur, qu'un traître. Napoléon a abattu la légitimité, et c'est en vain qu'on viendrait la réclamer en son nom. Mes soldats ne sortiront pas d'ici. Qu'on évacue ma caserne ! Retournez d'où vous venez ; c'est ce que vous avez de mieux à faire. »

Le prince fut atterré par ce fier discours, qu'il appela plus tard le langage hautain du capitaine. Les séides, indignés de voir le César de comédie traité avec tant d'irrévérence, se jetèrent sur le capitaine, lui arrachèrent sa croix, le menacèrent de mort. « Vous allez faire une boucherie, lui disait-on. « Tant pis, assassinez-moi, ou je ferai mon devoir! » s'écria le capitaine Col. « Je suis chez moi. Je ne me rends pas. — Grenadiers, à moi! »

Cette scène se passait sous la voûte d'entrée de la caserne. A la voix de leur capitaine, les sous-officiers, noblement secondés par le lieutenant qui s'était laissé égarer dans le complot, accoururent et le dégagèrent. Au même instant, le capitaine Laroche, commandant l'autre compagnie du 42ᵉ, pénétrait dans la caserne, à travers les mêmes obstacles. Des conjurés essayaient en vain de lui faire croire que ses troupes avaient tourné. « Capitaine, vous êtes des nôtres! lui criait-on. — Non, répondit-il, non; je vous apprendrai ce que vous pouvez espérer d'un vieux soldat de l'empire, quand je serai à la tête de mes soldats. »

Les deux compagnies du 42ᵉ étaient er bataille, la baïonnette croisée. La troupe du prince se replia pour se masser et fit de nouveau irruption. Comme le capitaine Col leur enjoignait une dernière fois de se retirer, le prince Louis, transporté de fureur, tira de sa poche un pistolet, et visa à bout portant le loyal officier; la balle, mal ajustée, atteignit au visage un homme du second rang, lui brisa trois dents et lui traversa le cou.

Après ce bel exploit, la troupe du prince Louis prit la fuite vers la haute ville. Le prince voulait armer *le peuple* qui le suivait. Ce peuple se composait de quelques centaines de polissons, qui se disputaient ignoblement les pièces de monnaie qu'on ne cessait de leur jeter. Le prétendant, éperdu, avait mis son petit chapeau au bout de son épée et s'en allait par la ville, criant *Vive l'Empereur* (1) !

---

(1) *Déposition d'Auguste Bernard:* « Des enfants suivaient en criant : Vive l'empereur! Le prince lui-même a mis son chapeau en l'air sur son épée, en criant : Vive l'Empereur ! Un vieux général suivait avec peine, derrière les autres. Je l'abordai en lui disant : Comment vous exposez-vous ainsi, à

Mais dejà la générale et le tocsin avaient retenti. Des cartouches avaient été distribuées aux soldats du 42ᵉ. Le capitaine Laroche, avant de lancer sa compagnie à la poursuite de la *grande armée*, leur avait adressé cette courte et vive harangue : « Soldats, je compte sur vous ; comptez sur moi. Si on me tue, un autre vous commandera, mais que cela ne vous empêche pas de ne vous arrêter que lorsque vous aurez tué ou fait prisonniers tous ces traîtres. » La garde nationale de Boulogne avait pris les armes, et, au bout d'une heure, toute l'armée conquérante, l'aigle doré, l'aigle vivant et le prince Louis étaient sous la main de la justice. Il ne manquait que le petit chapeau, qui ne put être retrouvé.

M. Thiers ne sut aucun gré à Napoléon II de lui avoir maintenu, dans les constitutions de Boulogne, le titre et les fonctions de pre-

---

votre âge! Il répondit : Nous avons dix mille hommes derrière nous. (*Dépos. des témoins*, p. 179.)

mier ministre. Le prince Louis-Napoléon fut traduit devant la cour des pairs et condamné à l'emprisonnement perpétuel. Les magistrats firent bonne justice en mettant hors de cause la plupart des hommes abusés et enivrés qui avaient été faits prisonniers à la suite de leur maître. Et aussitôt ces pauvres diables, qui avaient leurs places marquées parmi les dignitaires du nouvel empire si l'entreprise eût réussi, coiffèrent comme devant leur chapeau de livrée et réclamèrent le reste de leurs gages.

On avait saisi parmi les papiers du prétendant, un grand nombre d'ordres et de brevets préparés pour l'organisation et l'entrée en campagne de volontaires de toutes armes, à pied et à cheval. Le major général de la grande armée, l'aide-major général, le chef d'état-major général étaient désignés. Tous les actes portaient en suscription : QUARTIER-GÉNÉRAL DE BOULOGNE. Le prince avait tout prévu avec cette minutie tatillonne que les esprits faux apportent dans leurs conceptions. Il avait tout deviné, sauf la dignité, le bon sens, l'honneur du peuple français! Il nous avait traités comme si nous étions une nation de mercenaires, d'ivrognes et d'enfants, que l'on subjugue avec des pièces d'or, des bouteilles de rhum, des oripeaux et des phrases de théâtre. Le prétendant s'était trompé de route, il avait cru débarquer chez une peuplade de sauvages. Les *Peaux rouges* ont, en effet, reconnu et même adoré des empereurs non moins légitimes, mais plus sérieux.

CHAPITRE IV.

LES ÉCRITS DE LOUIS-NAPOLÉON.

Nous avons raconté les deux exploits du citoyen qui brigue la présidence de la République française ; notre tâche n'est pas terminée.

Le héros de Strasbourg et de Boulogne n'est pas seulement homme d'action, c'est un écrivain fécond et varié. Ses écrits forment la matière de deux volumes in-8º. Politique, histoire, économie politique, économie sociale, il a tout abordé successivement, tout fureté, tout tranché du même front dont il s'est attribué la mission de continuer l'Empereur.

A l'exemple de l'éditeur de ses œuvres complètes, nous mettrons à part les compilations laborieuses que Louis Bonaparte a rassemblées sur l'art de l'artillerie. Il est hors de doute qu'il connaît à fond la manœuvre du canon et qu'il est très-capable de l'enseigner. La science du canonnier n'exclut pas sans doute, mais elle ne suppose pas non plus cette haute culture de l'intelligence, ces qualités d'esprit rares et précieuses que l'éditeur de Louis-Napoléon lui reconnaît, en déclarant *qu'il a pris rang parmi les penseurs et les écrivains de notre époque, et qu'il peut être compté parmi les notabilités intellectuelles les plus légitimes de ce temps-ci* (1).

Le public connaît peu les ouvrages de Louis-Napoléon ; l'éclat de ses campagnes a nui à l'autorité de ses livres. On a supposé

---

(1) *Notice* sur les écrits de Louis-Napoléon Bonaparte, p. I et XIV.

que le petit chapeau de Strasbourg n'ombrageait pas un front vaste et chargé de pensées ; que c'était un mauvais précédent d'avoir poussé à ce degré le cynisme du plagiat. Une étude approfondie des œuvres complètes de Louis Bonaparte nous a pleinement confirmé dans une opinion qui a cessé d'être instinctive chez nous et qu'il nous sera facile de motiver.

Qu'il agisse, qu'il parle ou qu'il écrive, Louis Bonaparte ne quitte jamais son rôle de prétendant; il étale en toute occasion, et toujours hors de propos, son nom, son ambition, ses souvenirs de famille, ses emblèmes. Telle est la manie opiniâtre qui, malgré la diversité des titres et des sujets, établit l'unité entre tous ses ouvrages, depuis ses *Rêveries politiques de* 1832 jusqu'à son *Extinction du Paupérisme*, publié en 1846.

Celui de ses livres qui par sa nature semble exclure à première vue toute arrière-pensée d'ambition personnelle, *le Manuel d'artillerie*, lui a souvent servi de passe-port auprès des officiers français, qu'il désirait connaître et qu'il espérait séduire (1). Le prince Louis fait volontiers hommage de ses œuvres aux personnages célèbres. Ses amis assurent qu'en échange il a reçu un grand nombre de lettres de félicitation et d'encouragement. On cite entre autres un billet gracieusement insignifiant que M. de Chateaubriand, tout ému encore de l'hospitalité qui lui avait été offerte au château d'Arenemberg, écrivait au prince Louis, après avoir lu ses *Rêveries politiques*. L'indiscrétion des auteurs enlève facilement ces marques de politesse à l'insouciance bienveillante des hommes illustres. On sait ce que valent de pareils brevets, et l'importance qu'ils ont aux yeux de ceux qui les distribuent avec trop de munificence. Ce n'est pas que les *Rêveries politiques* soient dénuées d'intérêt ; au contraire, on apprend par ce livre que, dès 1832, Napoléon-Louis

(1) Voir *Observ. des trib.*, dépos. du général Excelmans, p. 112.

Bonaparte était républicain. Seulement il demandait que la République eût un empereur dont le premier soin serait de rétablir la garde impériale.

Détenu au château de Ham, et ne pouvant plus promener dans les casernes et les carrefours ses souvenirs et ses prétentions, il composa des livres tout exprès pour les produire.

Dans ses *Fragments historiques,* il fait mine de vouloir établir un parallèle sérieux entre les deux révolutions de 1688 et de 1830 ; mais défiez-vous des prétendants réduits à l'état d'historien ! Sous un beau titre, Louis Bonaparte ne fait que glisser, à travers mille allusions fort transparentes, une justification du droit qu'il s'attribue, une apologie de sa conduite et une série d'attaques contre tous ceux qui, loin de saluer son avénement, l'ont envoyé dans le donjon de Ham.

La double déconvenue de Strasbourg et de Boulogne lui tient cœur ; il cherche à se consoler philosophiquement et à relever l'espérance de son parti, par cette maxime que : « *Rarement les grandes entreprises réussissent du premier coup* » ; il voudrait, mais il n'ose, s'excuser d'avoir tenté son équipée de Boulogne. Le sentiment public de pitié amère, si vivement exprimé par le journal *la Presse*, en 1840, l'épouvante ; il imagine de se peindre d'une main flatteuse sous les traits du duc de Monmouth, le fils naturel de Charles II, qui tenta contre le gouvernement de Jacques II une infructueuse entreprise :

« Le duc de Monmouth, écrit le prince
« Louis, connaissait l'esprit public et était
« ami du peuple. Un parti considérable avait
« même voulu le faire reconnaître héritier de
« la couronne, au détriment du duc d'York.

« Confiant dans son courage et dans la
« bonté de sa cause, il débarqua à Lime,
« dans le Dorsetshire suivi seulement de
« quatre-vingt-deux hommes...

« Jacques II, effrayé du danger d'une ex-
« pédition qui avait manqué de soulever tout
« le pays contre lui, ne se contenta pas de

« frapper les vaincus avec toute la sévérité
« des lois, il voulut encore se venger en ré-
« pandant sur le malheureux duc les bruits
« qui pouvaient le plus entacher sa mémoire.
« C'était trop cependant de lui arracher et la
« vie et l'honneur. Mais *rien n'irrite plus*
« *un pouvoir impopulaire que de voir qu'un*
« *ennemi vaincu soit encore un danger.* (1). »

En soulignant de sa main ce dernier trait, le captif de Ham indique le vrai sens de toutes les allusions qui précèdent. Le jury du Bas-Rhin qui acquitta, en l'absence de l'auteur principal, les conjurés de Strasbourg, reçoit un peu plus loin des éloges indirects et touchants dans lesquels le prince ne s'oublie pas :

« Le peuple avait bien des larmes pour
« ceux qui échouaient dans leurs entreprises
« contre le gouvernement. Il avait bien des
« applaudissements et des cris d'allégresse
« pour ceux qui échappaient par l'acquitte-

---

(1) *Fragments historiques*, 1841, p. 25.

« ment du jury aux vengeances du pou-
« voir (1). »

Malheur à la cour des pairs, qui, loin de pleurer de tendresse ou d'applaudir à la vue du héros de Boulogne, le condamna à la détention ! Écoutez comme la victime se venge :

« Quelquefois le parlement porta des *bills*
« *d'attainder*, mais ce n'était pas alors la pre-
« mière chambre du pays qui descendait au
« triste rôle de tribunal exceptionnel (2). »

Pourquoi les personnages et les évènements du temps passé, dépeints ou racontés par le prétendant, éviteraient-ils de servir ses intérêts égoïstes, ses rancunes et ses espérances, lorsqu'il n'est pas jusqu'à la question des sucres, jusqu'à la paisible rivalité de la canne à sucre et de la betterave, qui ne lui fournisse l'occasion d'étaler sa généalogie dynastique et d'agiter son drapeau napoléonien ?

---

(1) *Ibid.*, p. 29.
(2) *Ibid.*, p. 44.

« Je crois avoir été impartial, écrit le
« prince, dans son *Analyse de la question des*
« *sucres* (édition de 1843, p. XV) ; la prospérité
« des colonies ne m'est pas moins à cœur que
« le développement de l'industrie indigène,
« et si d'un côté la fabrication du sucre a droit
« à toutes mes sympathies, comme création
« impériale, d'un autre côté je ne puis ou-
« blier que ma grand'mère, l'impératrice
« Joséphine, est née dans ces îles où reten-
« tissent aujourd'hui les plaintes contre la
« concurrence des produits de la métropole...
« Je suis citoyen avant d'être Bonaparte. »

Il se flatte pourtant. L'impartialité lui
manque. Son cœur napoléonien penche visi-
blement pour l'industrie du sucre de betterave, *cette fille de l'empire*, comme il l'appelle à
plusieurs reprises ; et dans un accès de tendresse et de mélancolie, il en vient à faire
ce rapprochement inouï :

« Reléguée d'abord dans un coin de la
« France, la fabrication indigène y vécut
« inoffensive et inconnue, ayant presque l'air

« de se dérober aux regards pour faire oublier
« son origine, et subissant le sort du drapeau
« d'Austerlitz, qui, comme elle, obligé de se
« cacher, conserverait cependant aussi tout
« un avenir de gloire (p. 5.) »

Il semble que des livres, entachés de pareilles excentricités, et composés dans un intérêt si peu littéraire, ne soient pas justiciables de la critique. Ce sont des prospectus plus ou moins habiles, des programmes, des affiches monstres. Ce sont choses, en tout cas, qui de quelque nom qu'on les appelle, n'ont rien de commun avec les règles du goût et du style.

Cependant, puisque l'on insiste, disons qu'en effet les écrits du prince Louis pourraient être d'un grand usage, non pour les hommes d'Etat, mais pour les professeurs de grammaire. On connaît la méthode qui consiste à faire corriger par les écoliers des livres remplis de fautes de français, accumulées à dessein. Cet exercice est utile, mais les cacographies ont en général un grave défaut :

l'artifice y apparaît. Dans les écrits du prince Louis, au contraire, c'est la nature seule qui opère. Et quelle nature! Quelle étonnante variété de fautes de français! Comme toutes les règles de la grammaire et de la syntaxe sont violées tour à tour dans l'ordre le plus divers, le plus inattendu (1)! Avec quelle audace il se joue des lois de l'analogie! Voici une

---

(1) Ce n'est pas un médiocre mérite que d'avoir surpassé dans l'art de la cacographie Boniface et Chapsal. Nous craindrions de passer pour un courtisan du prince Louis, si nous ne prenions soin de justifier notre assertion. Voici donc quelques fleurs de style empruntées à *cette notabilité intellectuelle,* à *cet écrivain éminent :* « Napoléon avait gardé en réserve des « pays entiers dont il *pourra* disposer pour atteindre son but. » L'écolier de huitième mettra : Il *aurait pu.* (*Idées nap.,* p. 165. « Cependant Louis XIV ayant promis au roi deux cent « mille livres sterling par an, à condition que l'Angleterre *ai-* « *dât* la France à la conquête de la république des Provinces-« Unies. » Mettez : *aiderait.* (*Fragm. histor.,* p. 93.) Ces fautes sont vulgaires et se trouvent dans toutes les cacographies. Le prince Louis est plus ingénieux; il a des tournures de phrases qu'un grammairien ne saurait pas inventer. Ainsi, dans l'*Examen de la question des sucres,*, p. 88 : « *Pouvoir* d'un « jour à l'autre être privé de pain, de sucre, de fer, *c'est li-* « *vrer* sa destinée à un décret étranger. » D'autres fois le

image qui nous a particulièrement frappé :
La Westphalie, autre germe régénérateur assis sur l'Elbe. (*Idées napoléoniennes*, p. 152.) Un germe assis sur un fleuve, quelle situation précaire ! La philosophie de l'histoire pourrait trouver des raisons d'un autre genre, mais non pas de plus saisissante, si elle cherchait pourquoi le royaume de Westphalie, constitué de cette façon, n'a pas duré.

C'est assez parler de l'écrivain. Étudions, puisqu'il le faut, *le penseur.*

Tel vous l'avez vu à Strasbourg et à Boulogne, tel vous le retrouvez quand il a la plume à la main. Comme il sait se parer de costumes et de titres empruntés, il se drape dans des phrases fastueuses et des lieux com-

---

prince Louis veut exercer la sagacité de ses lecteurs. Il exprime absolument le contraire de ce qu'il conçoit. Par exemple, il veut énoncer cette idée qui n'est pas nouvelle : Le représentant d'une cause nationale ne doit pas avoir d'intérêts égoïstes ; il écrit : « Pour consolider la cause nationale, il « faut au pouvoir un *représentant* qui n'ait d'autre intérêt que « *les siens.* » (*Frag. hist.*, p. 30.)

muns solennels. Il n'imite pas seulement les attitudes des Napoléons de Franconi, il parle, il pense comme eux. A la grande satisfaction des amateurs de pantomime militaire, il dira, par exemple : « L'armée est une épée qui a « la gloire pour poignée. »

Amoureux et dupe des grands mots, il prend des logomachies pour des pensées. Il s'imagine avoir tracé un caractère historique parce qu'il a symétriquement rangé les phrases que voici : « Charles II méprisait le « destin, parce qu'il ne voyait dans la suite « de tant d'événements contraires qu'un jeu « de la fortune. — Il crut qu'une habile « dissimulation suffirait pour tromper les « hommes et le sort. » Cela n'a pas de sens. Destin, fortune, sort, sont trois synonymes, conservés dans le langage usuel par une tradition fataliste qui froisse les notions religieuses et même philosophiques des peuples modernes. Si Charles II croyait être soumis aux lois du destin, ou du sort, ou de la fortune, il ne pouvait, à moins d'être absurde, se flatter de tromper le sort, le destin ou la fortune, puisque l'essence de la fatalité, c'est d'être inévitable.

S'adonner au culte des mots; faire de l'histoire des autres le cadre complaisant de sa propre biographie; se peindre et se mirer dans chaque personnage; s'embusquer derrière les événements que l'on raconte pour lancer à couvert des traits sournois contre ses ennemis; céder, dans les petites comme dans les grandes choses, à une constante préoccupation du moi, c'est le moyen de ne voir ni juste ni loin. Aussi ne sera-t-on pas surpris que pour toute moralité le prince Louis ait tiré de l'histoire des Stuarts cette banalité héroïque : « L'histoire des Stuarts « prouve que l'appui de l'étranger est tou- « jours impuissant à sauver les gouverne- « ments que la nation n'adopte pas. »

Les *Idées napoléoniennes* du prince Louis-Napoléon sont à l'unisson des *Fragments historiques*. Ouvrez les *Tables du Bulletin des Lois*; copiez le titre et la date des actes législatifs du Consulat et de l'Empire ; attachez toutes ces notes entre elles par des phrases pompeuses et creuses; bâclez un Empereur à la mode, humanitaire, grand dieu, et presque socialiste ; puis, lorsque vous l'aurez ainsi défiguré et amoindri, servez-vous de cette pochade solennelle comme d'une enseigne pour vous attirer des partisans. Voilà la recette que le prince Louis a mise en pratique en composant ses *Idées napoléoniennes.*

L'Extinction du Paupérisme ! Quel titre engageant, mais aussi qu'elle présomption coupable de faire concevoir à la masse entière des malheureux l'espérance du bien-être, lorsqu'on ne sait leur offrir pour toute consolation que des généralités usées ou fausses sur les avantages des colonies agricoles, sans indiquer un seul moyen sérieux de fonder et d'organiser ces établissements exceptionnels !

Dans l'*Extinction du Paupérisme,* brochure de 53 pages in-8, le prince Louis agite et tranche tous les problèmes politiques, économiques et sociaux. Il a rédigé particulièrement la théorie de l'agriculture, de l'industrie, du commerce intérieur et extérieur et de l'impôt, en quelques aphorismes aussi brefs, aussi saisissants que les règles de l'école de peloton. Les questions si compliquées et si délicates du commerce inter-national, ne recèlent pour lui ni difficulté ni secret ; il les résout, non par le développement d'une émulation bienfaisante, non par la science, mais bien par l'emploi de l'artillerie. Voulez-vous atteindre le prix de revient obtenu par les nations rivales ? Voulez vous connaître et capter les besoins et les goûts des consommateurs étrangers, fondez des boulets, entassez des boulets, lancez des boulets : *Vive l'Empereur !* Voici comment le prince Louis a formulé son système sur le libre échange (1) ;

« Qu'il nous suffise de dire que la quantité
« de marchandises qu'un pays exporte est
« toujours en raison directe du nombre de
« boulets qu'il peut envoyer à ses ennemis

---

(1) *Extinction du paupérisme*, p. 8.

« quand son honneur et sa dignité le com-
« mandent.

« Les événements qui se sont passés ré-
« cemment en Chine sont une preuve de cette
« vérité. »

L'exemple qu'il allègue, les éloges qu'il donne à la guerre d'empoisonneurs, déclarée aux Chinois par les marchands d'opium, résument bien le génie et le tendance nécessaire de Louis Bonaparte. Ses écrits commentent et aggravent ses folies de Strasbourg et de Boulogne. En France et à l'étranger, tout homme de sens connaît ce que la civilisation peut attendre d'un politique qui a placé sa première et sa dernière ressource dans l'exploitation de son nom, dans l'aveuglement et la brutalité du chauvinisme.

CHAPITRE V.

LA CANDIDATURE.

Si quelque lecteur de bonne foi nous reprochait d'avoir apprécié trop sévèrement, et sous l'impression des circonstances présentes, le caractère politique et le talent de Louis Napoléon, nous prierions ce contradicteur honorable de se reporter aux souvenirs de 1840, et de comparer nos paroles avec les jugements que l'opinion publique portait alors sur le héros de Boulogne : on serait étonné de notre modération et de notre réserve.

On aime en France les aventures; il faut qu'un complot soit bien odieux et qu'il ait coûté beaucoup de sang pour que la faveur générale ne s'égare pas sur les conspirateurs et ne sache pas découvrir dans leur personne, sinon dans l'action qu'ils ont commise, quelque aspect intéressant.

En tout cas, une fois sous la main de la justice, les accusés sont sacrés. La presse aurait honte d'aggraver les charges qui pèsent sur eux. Surtout elle aurait mauvaise grâce à les tourner en dérision. Ce sont là, pour ainsi dire les bienséances de l'opinion publique.

L'expédition de Boulogne prêtait à rire, ce n'est pas nous qui le nierons. Cependant on aurait pu, à tout prendre, la trouver téméraire et glaner des détails chevaleresques parmi les épisodes bouffons dont elle fut semée. D'ailleurs, personne ne s'imaginait qu'après une récidive si grave et si scandaleuse, le gouvernement fût tenté de gracier de nouveau Louis Bonaparte. Exposé à toute la rigueur de la loi, il était passible de la peine de mort. Cependant, loin d'entourer son entreprise et son infortune de l'intérêt banal, qui dans cette patrie des feuilletons-romans et du mélodrame, s'attache tout d'abord aux chefs de complots, aux acteurs d'aventures, l'opinion publique fut inexorable, sans merci, sans pitié pour le héros de Boulogne.

La Presse disait le samedi 8 août 1840, après avoir raconté l'équipée de Boulogne :

« Nous n'avons pas besoin de dire tout ce
« que cette nouvelle tentative d'insurrection
« a de ridicule et d'odieux. Les faits parlent
« suffisamment. M. Louis Bonaparte s'est
« placé dans une position telle, que nul en
« France ne peut honorablement aujourd'hui
« éprouver pour sa personne la moindre sym-
« pathie, ni même la moindre pitié. Le ridi-
« cule est dans l'avortement si misérable de
« ses projets, dans cette fuite précipitée dès
« le premier signe de résistance, dans cette
« subite métamorphose de farouches conspi-
« rateurs en tritons effrayés et transis. L'o-
« dieux est dans l'ingratitude qui oublie

« qu'une fois, déjà, la clémence royale a par-
« donné généreusement un crime qu'on avait
« le droit de punir des peines les plus sévères,
« et que Napoléon, particulièrement, eût fait
« expier chèrement à ses auteurs dans les
« vingt-quatre heures. L'odieux est encore
« dans ce calcul qui a fait choisir pour jeter
« l'anarchie au sein de la France, précisé-
« ment le moment où la France avait besoin
« de tout son calme, de toute sa puissante unité.

« Mais laissons là ce jeune homme, qui ne
« paraît pas avoir plus d'esprit que de cœur. »

Les journaux anglais avaient raconté, quelques jours auparavant, que Louis Bonaparte s'en était allé faire une visite officielle à lord Palmerston et à lord Melbourne ; *la Presse* faisant allusion à cette nouvelle, disait :

« Peut-être n'y a-t-il rien de vrai dans la
« visite dont les journaux anglais ont parlé.
« Peut-être M. Louis Bonaparte est-il lui-même
« l'auteur de la note qui a été publiée. Peut-
« être a-t-il pensé que ce serait là un moyen
« de faire croire à ses rares partisans en France

« qu'il disposait de ressources considérables,
« et d'accroître aussi leur confiance. Ce serait
« peu habile, dira-t-on, pour un homme qui
« veut agir sur des âmes françaises! D'accord.
« Mais, nous le répétons, le fils de l'ex-roi de
« Hollande n'a pas plus d'esprit que de cœur.
« A-t-il été plus habile à Strasbourg? A-t-il été
« plus habile en Suisse, alors que, pour
« échapper à une expulsion, il ne rougissait
« pas de faire soutenir par ses amis de la diète
« qu'il n'était plus Français, qu'il était *citoyen*
« *de Thurgovie*, et qu'à ce titre la France ne
« pouvait exercer aucun droit contre lui? En-
« fin a-t-il été plus habile durant son séjour
« à Londres, lorsque, paradant comme un
« histrion au ridicule tournoi d'Eglington,
« ou étalant chaque soir sa nullité parmi les
« dandys du balcon de Drury-Lane, il ne sa-
« vait recommander son nom que par des ex-
« ploits dignes tout au plus d'un journal de
« modes?..... Il n'est pas même un
« chef de parti, il n'en est que la méchante
« caricature. »

Le lendemain dimanche 9, *la Presse* revenait à la charge en ces termes :

« Louis Bonaparte a pris soin de confirmer
« lui-même ce qui n'était hier de notre part
« qu'une conjecture. Dans ses proclamations,
« il parle des *amis puissants qu'il a à l'extérieur.*
« Il est impossible d'être plus niais. S'imagi-
« ner que dans les circonstances où nous nous
« trouvons il fera adopter sa cause en France,
« en la montrant appuyée par des soutiens *exté-*
« *rieurs*, c'est une de ces sottises qui ne
« peuvent passer que par la tête d'un homme
« tel que lui...... »

Les ministres sont exposés à s'entendre dire de pareilles choses; mais jamais, que nous sachions, on ne traita avec cette rigueur de langage un accusé qu'un tribunal exceptionnel attendait. Cependant le journal qui se donnait de telles licences, n'était qu'à l'unisson des reproches amers et des sarcasmes qui tombaient de tous côtés sur le Napoléon de Boulogne. Tant il est vrai qu'il avait révolté contre lui tous les instincts sensés et railleurs de la nation. Si quelqu'un se fût alors avisé de dire : Louis-Napoléon deviendra dans ce pays, qui le juge aujourd'hui en connaissance de cause, un des personnages les plus goûtés, les plus considérables de son temps, quel paradoxe eût paru faire cet esprit bizarre et insolent !

Nous n'emprunterons aucune citation aux journaux honorables qui faisaient chorus avec la Presse de 1840. Ce serait un soin superflu. Ceux-là n'ont pas varié, et chaque matin en les lisant, on peut voir comment les hommes droits et sérieux persistent à juger le candidat qui doit, dit-on, rehausser le prestige du pouvoir. Le prestige qui accompagne Louis-Napoléon est de telle nature, que s'il était élu président de la République, il faudrait aussitôt jeter à la liberté de penser quelque nouveau bâillon, et ordonner aux écrivains de se taire sur le passé du chef de la République, ou de mentir à l'histoire.

Comment donc se peut-il faire que le personnage qui n'était, en 1840, aux yeux de ses patrons d'aujourd'hui, que *la méchante caricature d'un chef de parti*, soit tombé, de chute en chute, sur les marches de la présidence, et qu'il ait été poussé à dire, en face de l'Assemblée nationale, qu'il aspirait à la plus haute fonction de la République?

Pour s'élever jusque là, pour se réhabiliter ainsi, a-t-il donc surpassé son oncle, après l'avoir parodié? Mais qu'a-t-il fait d'illustre, de prodigieux, d'impossible? Rien. Moins que rien, si l'on tient compte de ses brochures.

Le seul titre qu'il revendique, et qu'il présente aux suffrages des électeurs, c'est son nom, c'est le reflet, c'est la tradition du nom de Napoléon.

La France pouvait croire cependant qu'elle était libre de suivre ses destinées nouvelles, sans craindre l'apparition des revenants. Nous ne sommes en reste ni avec le grand homme qui a glorifié le nom de Napoléon, ni avec ceux qui le portent. Envers cette mémoire illustre, nous avons épuisé les hommages de l'admiration la plus exaltée et la plus délicate à la fois. Envers cette famille nombreuse, nous n'avons pas manqué de faveur. Les cendres de Napoléon, solennellement ramenées de l'exil, reposent aux Invalides, et sa statue couronne le monument construit par ses victoires. La religion napoléonienne a ses autels, ses fêtes; ceux qui ne pratiquent pas honorent du moins ce culte du dévouement personnel, dernier vestige de chevalerie échappé à nos révolutions démocratiques. Nous craignions de blesser le cœur de ces fidèles. De peur que l'histoire ne démêlât à travers toutes les gloires de l'Empire la longue humiliation de la liberté, nous avions abandonné cette époque aux enthousiasmes effrénés de la poésie populaire. La France voulait oublier et taire à jamais que si l'Empire traverse Austerlitz, il aboutit à Waterloo, et qu'après tout, cette longue série de conquêtes amena par deux fois l'invasion en France !

Nous en avons fait assez, nous en avons trop fait pour cette mémoire, ennemie de la

liberté. Nous n'avons pas écouté le conseil prophétique que M. de Lamartine nous donnait en 1840. Nous n'avons pas gravé sur le tombeau de Napoléon *la seule inscription qui eût répondu à la fois à notre enthousiasme et à notre prudence ; la seule inscription qui fût faite à la fois pour cet homme unique et pour l'époque difficile où nous vivons : A Napoléon.... seul.* Nous nous sommes fiés à la loyauté commune et aux génies des institutions modernes. Nous avons cru que cela était si bien sous-entendu dans le bon sens et la conscience publique, qu'il n'était pas besoin de l'écrire. « En élevant ce monument, en re-
« cueillant nationalement cette grande mé-
« moire, la France ne veut susciter de cette
« cendre ni la guerre, ni la tyrannie, ni des
« légitimités, ni des prétendants, ni même
« des imitateurs (1). »

C'est un poëte, un rêveur, comme on di-

---

(1) Discours de M. de Lamartine sur le projet de loi relatif aux restes mortels de Napoléon, Séance du 26 mai 1840.

sait alors, qui donnait cet avertissement à la fatuité des grands politiques sérieux et perspicaces. La révélation fut dédaignée.

Bien plus, la République nouvelle, dans l'entraînement de sa générosité, leva l'ostracisme qui pesait sur la famille Bonaparte. Elle admit, sans les compter, dans le sein de la représentation nationale, cinq rejetons de cette tige féconde. La République se disait que quand il était permis à tous de rendre à son pays les services que le temps réclame et que la vocation de chacun lui désigne, personne ne songerait à se fabriquer des titres personnels avec des souvenirs domestiques qui ne sont plus aujourd'hui que de chers modèles ou des leçons intimes.

Tous les hommages, tous les égards que l'on peut souhaiter au delà de ce qui a été accordé à Napoléon et à ses parents dégénèrent en manie, en puérilités, en fétichisme.

Mais nous ne manquons en France ni d'idolâtres, ni de maniaques; il y a de vieux enfants auxquels il ne suffit pas d'avoir gravé Napoléon sur la cheminée de leur pipe, sur le couvercle de leur tabatière, sur le manche de leur couteau, il leur faut encore que les lois promulguées dans le village, au son du tambour, ou affichées sur les murs de la paroisse, se terminent par le nom de Napoléon.

« Honorons les mânes de l'Empereur.
« Nommons Louis-Napoléon. » Voilà l'affiche que le voyageur lisait sur les murs en parcourant les départements qui ont fait de Louis Bonaparte un représentant du peuple. La candidature du nom de Napoléon à la présidence de la République s'est formée sous les auspices de ce non sens.

« Il n'y a rien de plus bête qu'un fait, » disait M. Royer Collard. Judicieux aphorisme, qu'il ne serait pas opportun de nier en de telles circonstances ! Certes, le fétichisme impérial possède en France une puissance énorme; cependant, gardons-nous de trop médire de nous-mêmes. Les perroquets qui, mis en regard d'une urne électorale quelconque, répètent machinalement *Napoléon, Napoléon,* sont nombreux, ils ne sont pas innombrables. La candidature de Louis Napoléon, née du chauvinisme, n'aurait pas si bien prospéré, si des contes bleus, des contes de sorciers, partis on ne sait d'où, mais accrédités sur tous les points du territoire, n'avaient ému et flatté la crédulité des contribuables; si toutes les souffrances matérielles que les révolutions entraînent après elles ne s'étaient prises d'une folle ardeur de substituer à la République une restauration quelconque du régime impérial.

Le prince Louis s'était présenté à Boulogne sous les traits de Mars et de Plutus. Il tenait à la main une épée et une bourse. On se souvient que lorsqu'il fut arrêté, il avait les poches pleines d'or. L'imagination populaire a multiplié jusqu'à des milliards, incommensurables la fortune du candidat. Son oncle lui a légué *tous ses trésors.* S'il est nommé, il remboursera à coup sûr l'impôt des 45 centimes. D'autres vont jusqu'à dire que, grâce à lui, la France sera affranchie de tout impôt pendant plusieurs années. De telles débauches d'ignorance et de bêtise font frémir de stupeur ; et nous refuserions de croire à ces miracles de stupidité, si, nous trouvant au mois de septembre dernier, au moment des élections, dans l'un des cinq départements napoléonisés, nous n'avions entendu circuler ces rumeurs qui déjà ont entravé la perception régulière des impôts.

La plupart des paysans qui votèrent alors pour Louis-Napoléon ne savaient pas si en jetant dans l'urne son nom plus souvent imprimé que manuscrit, ils élisaient un empereur, un président de la République ou un simple représentant du peuple. Cette dernière version avait pourtant des partisans.

A ces deux catégories d'électeurs, joignez une foule de gens honnêtes qui, sans partager le fétichisme des premiers, ni l'ignorance des seconds, se laissent bercer par l'espérance irréfléchie d'assurer la paix, de ramener l'ordre et le crédit dans le pays, en copiant le nom du grand homme qui étouffa l'anarchie. Le patriotisme de ceux-là est effaré, mais sincère, leur intelligence s'abuse, mais elle est droite. Essayons donc de leur démontrer que confier le pouvoir exécutif de la République à Louis Bonaparte, c'est ménager à la France l'humiliation la plus profonde et la déception la plus dangereuse que les ennemis de sa considération et de sa sécurité aient jamais pu rêver.

Tant qu'il s'agit de fabriquer une candidature quelconque, ce nom de Napoléon est le plus décevant des prismes. Arboré comme une devise par le chef du pouvoir exécutif de la France, ce n'est plus une machine électorale, ce n'est plus un *miroir* trompeur à l'aide duquel le plus vulgaire des oiseleurs peut attirer et éblouir des milliers, des millions d'étourdis. C'est un programme de gouvernement dont le sens ne peut abuser personne. Au dehors le nom de Napoléon signifie *esprit de conquête :* au dedans, *oppression de la liberté.*

Les peuples de l'Europe n'ont pas lu les *Idées napoléoniennes* du prince Louis Napoléon. Privés de ce guide ingénieux, au style pittoresque, ils n'ont pas su découvrir que Napoléon n'avait jamais été possédé de la manie guerroyante et dynastique. Ils n'ont pas remarqué que les trônes institués par l'empereur, au profit de ses frères et aux dépens des dynasties nationales, étaient autant de *germes régénérateurs,* assis *sur l'Elbe* et ailleurs, pour parler comme Louis Bonaparte. Non, aux yeux du monde entier, le nom de Napoléon a gardé son vrai sens, son sens historique, son sens aggressif et conquérant.

Quelle est cependant la politique extérieure que le devoir et l'intérêt nous commandent de suivre, au milieu des circonstances européennes, si nouvelles et si confuses ? M. de Lamartine nous l'a dit dans son beau manifeste du 5 mars 1848, dont les principes ont été sanctionnés par l'Assemblée nationale, dans plusieurs ordres du jour.

S'abstenir avec un soin égal de toute propagande révolutionnaire, et de tout dessein ambitieux, afin de tendre aux nationalités légitimes et vivaces, un appui dont la dignité et le désintéressement feront la force : voilà le conseil de la sagesse et de l'honneur.

Au contraire, que ferait la France, au point de vue de ses relations extérieures, si elle prenait pour devise le nom de Napoléon, elle irait précisément à l'encontre de la politique qu'elle a résolu d'observer.

Napoléon vaincu, se consolait de sa disgrâce en songeant qu'il n'avait pas cessé d'être redoutable. « Ma redingote grise, disait-il, et « mon chapeau placés au bout d'un bâton « sur la côte de Brest, feraient courir l'Eu- « rope aux armes. » Qu'aurons-nous gagné à réaliser à la lettre cette imagination singulière, à nous passer cette fantaisie puérile ? Qu'aurons-nous gagné à hisser ce bâton magique ou plutôt cet épouvantail, non pas sur un rivage désert, mais sur le faîte de notre édifice politique ? Nous aurons réussi à rendre suspecte l'intervention de nos conseils ; à nous condamner à la déchéance absolue ou à la guerre universelle ; nous aurons compromis, perdu sans retour la seule situation qui nous convienne ; nous l'aurons brisée contre l'écueil que M. de Lamartine nous suppliait d'éviter ; nous aurons tourné contre nous *les souvenirs de nos conquêtes, que désaffectionnent les nationalités, nous aurons foulé aux pieds notre première et notre plus universelle alliance, l'esprit des peuples et le génie de la civilisation.*

Nous aurons assumé tous les périls du nom de Napoléon. Nous n'en recueillerons ni l'autorité ni la gloire. Tout en inquiétant les nations, nous les aurons fait pouffer de rire à nos dépens. Que l'on cesse d'agiter dans des phrases inutiles les drapeaux de Wagram et d'Austerlitz. Cachez-les, de grâce, car votre nouveau Napoléon ne tient à la main et ne nous rapporte que ses lauriers de Strasbourg et de Boulogne.

Il se pourrait que la France, justifiant et au-delà, les reproches de légèreté que les nations lui adressent, oubliât son histoire d'hier, et les huées dont elle accabla son fétiche d'aujourd'hui ; les étrangers qui prirent part à cette dérision universelle, ne nous suivront pas, soyez-en sûrs, dans notre aveugle retour. Croit-on, par exemple, que le respect pour la France aura beaucoup grandi en Suisse, quand on verra le pouvoir exécutif de la République française, manié par celui qu'en 1838, dans le sein même de la diète helvétique, on traitait avec une si dédaigneuse hauteur. Déjà les Anglais ont repris envers nous leur ton d'insolence. Leurs journaux nous font pressentir les progrès que la France aura faits dans l'estime des nations, lorsqu'elle aura humilié son libéralisme devant une pareille idole.

La situation extérieure à la France, si délicate et si grave, compromise sans retour, la France suspecte et ridicule à la fois, voilà ce que nous assure au dehors un nom guerroyant porté par un capitaine malheureux. A l'intérieur, par quel bienfait le nom de Napoléon exploité par autrui, compense-t-il le tort certain, irréparable qu'il nous cause vis-à-vis de l'étranger?

Ah! que Napoléon, le vrai, avait raison de dire : « Mes plus grands ennemis sont dans ma famille. » Pourquoi faut-il que l'indiscrétion opiniâtre d'un fâcheux, force la vérité de contredire les éloges sans mélange dont les générations nouvelles se plaisaient à parer, à couvrir une époque de servitude civile, la croyant à jamais ensevelie dans le passé !

Certes, on peut contester l'opportunité de l'acte par lequel le sénat déclara la déchéance de Napoléon Bonaparte et des membres de sa famille ; mais la justesse des accusations accumulées dans le *Sénatus-Consulte* du 3 avril 1814, personne ne peut la nier. Ne rappelons pas cependant l'énumération de ces griefs douloureux. Lorsque nous avons tant besoin que la fascination exercée par la gloire de l'oncle explique et excuse, s'il se peut, aux yeux de l'étranger, l'engoûment populaire pour le neveu, contentons-nous de dire que les traditions napoléoniennes, adoptées aujourd'hui comme règle de politique intérieure, inquiètent, offensent l'esprit de liberté, sans sauvegarder l'ordre. Elles le compromettent au contraire.

La France, lancée à l'improviste dans une révolution profonde qui n'est le patrimoine de personne, parce qu'elle ne fut à vrai dire l'œuvre réfléchie ou particulière d'aucun parti; la France cherche laborieusement la formule d'une réforme dont tous les esprits sentent et proclament la nécessité, et dont personne ne possède le secret. Des questions trop dédaignées par les gouvernements passés ont surgi tout à coup et ont pris au dépourvu, non-seulement les politiques du temps de l'empire, mais tous les hommes d'État qui se disaient les plus progressifs. Dans ces circonstances, quelle folie ce serait de vouloir obtenir par la compression de la vie politique la solution qu'il faut chercher dans le concours et le contrôle de toutes les intelligences! Des libertés immenses, que personne n'était préparé ni à donner ni à recevoir, nous ont été conférées par un coup de Providence. Nous en usons avec inexpérience ; les sérieuses chances de candidature obtenues par le nom de Napoléon le prouvent assez. Nous ferons peut-être notre éducation à nos dépens, mais nous la ferons nous-mêmes. La contrefaçon de la politique intérieure de l'empire ne peut qu'agiter les esprits; elle ne saurait ni les éclairer ni les conduire. Le nom de Napoléon menace et irrite la liberté, quand il faut lui laisser le loisir de s'ordonner et de se pacifier elle-même.

A ces embarras qui tiennent à son nom, Louis-Napoléon ajoute les inconvénients de sa propre personne.

Le budget est en déficit : loin de rembourser les 45 centimes déjà perçus, loin d'affranchir les contribuables de tout impôt, le président de la République devra demander, l'année prochaine, de nouveaux sacrifices au désintéressement de la France; et voilà un prétendant qui se laisse précéder au pouvoir par les plus folles espérances de dégrèvement et d'exemptions d'impôt. On le somme nettement en pleine chambre de démentir ce chimérique espoir; il se tait, et par son silence accepte un engagement qu'il ne pourra pas tenir, et qui nous acccablera; il rend pour l'avenir le recouvrement de l'impôt plus difficile; et, d'un autre côté, moins que personne, il ne peut faire de sérieuses diminutions de dépenses.

Le nom de Napoléon, puisque c'est un nom qui gouverne, surexcite les passions militaires, en même temps qu'au dehors il réveille tous les préjugés contre la France. Les nations étrangères auront bientôt ajourné leurs querelles fécondes, quand elles pourront craindre de nous voir recommencer nos folies guerroyantes, et nous voici condamnés, par l'attitude même que nous aurons provoquée, aux ruineuses et improductives dépenses de la paix armée, sinon de la guerre.

Ajoutez qu'avec des ressources moindres et des dépenses militaires conservées ou plutôt accrues, son nom, ce nom prestigieux, mais funeste, ce nom anti-républicain nous place sous l'appréhension perpétuelle d'une contre-révolution.

Ce prétendu réparateur du crédit l'épouvante et le tue. Car, loin de consolider la forme de gouvernement établie, il enlève à la République sa sécurité.

Louis Bonaparte, président de la République, vient-il conserver ou détruire la constitution républicaine de la France?

Sera-t-il infidèle à son parti ou à la République?

« Toute ma vie sera consacrée à la défense
« de l'ordre et à l'affermissement de la Ré-
« publique. » Tels ont été dans la séance du 21 septembre 1848 les paroles solennelles prononcées par Louis Bonaparte. Cette promesse de fidélité, avant de devenir président, il l'aura confirmée par un serment. Il aura ré-

solu de tenir sa parole. Je veux le croire. Au moment de saisir le but de son ambition constante, il abdiquera ses rêves d'empire, il sera doué d'une vertu surhumaine. Je la lui accorde ; mais dans quelle situation insoutenable on le place vis-à-vis de son parti, de ce parti napoléonien qu'il a inventé, qu'il a formé, qu'il a fasciné lui-même par son aigle et par le cri de *vive l'Empereur !* que l'on n'entendait plus que sur les théâtres historiques, avant que Louis Bonaparte ne fût venu dans la cour du quartier d'Austerlitz lui donner une signification factieuse, et le pousser lui-même dans les rues de Boulogne.

Il aura passé sa vie à ressusciter et à personnifier en lui la fausse magie des souvenirs impériaux, et c'est lui qui aura la mission de protéger la République contre cette ivresse qu'il aura versée.

Comment ! il faudra que lui-même il leur persuade, à ces masses qu'il entraîne à sa suite au nom de l'Empereur, qu'il cesse de prétendre à l'Empire le jour seulement où il touche le pouvoir ! Il leur défendra de pousser leur cri de ralliement, et leur fera comprendre que par cette acclamation, ils insulteraient à sa loyauté ! Au besoin il aura le courage et l'ingratitude de faire tirer le canon, et de décréter l'état de siége contre son propre parti, plus napoléonien que je le suppose lui-même.

Nous ne nous mêlons pas de prédire l'avenir, ni d'assigner les limites du possible. Mais, puisque l'on parle de crédit, c'est une étrange façon de persuader à un peuple qu'il possède une forme de gouvernement stable, que de faire dépendre la durée de ce gouvernement : de la victoire qu'un ambitieux sera tenu de remporter sur une passion désespérée, couvée pendant vingt ans ; de l'abnégation qu'un ancien chef de parti sera chargé d'inspirer aux séides qui l'ont porté au pouvoir, et enfin de l'autorité morale que Louis-Napoléon devra exercer sur ses électeurs fanatisés avec des mots. Le crédit s'alimente de conjectures plus vraisemblables. Il ne se livre pas sur des hypothèses contraires à toutes les données du cœur humain, à toutes les leçons de l'histoire ; il ne s'aventure pas dans des situations si équivoques et si pleines d'embûches.

Une autre solution paraît à certains esprits plus naturelle et plus simple. Il n'est pas besoin, disent-ils, de renverser la Constitution ; elle est à terre. A quoi bon la tuer ! elle est morte-née. Nous l'avons exposée l'autre jour sur son lit de parade ; il ne s'agit plus que de l'enterrer en temps opportun. Louis-Napoléon suffit à cette besogne. Quand il l'aura remplie, il tombera et fera la place nette. Il précipite les crises... Remarquez cette théorie. Sondez, si vous l'osez, ces perspectives, hommes naïfs et modérés qui nommez Louis-Napoléon pour affermir le sol tremblant, et fermer, comme vous dites, l'abîme des révolutions avec un nom.

Il faut prendre garde cependant. La Constitution de 1848 n'est pas si fragile qu'on le pense. Elle repose sur la loyauté de l'Assemblée nationale.

Il ne s'agit plus de savoir si la République, sortie de la tempête de Février, a été mise au monde selon toute la rigueur du cérémonial parlementaire. Ce n'est plus le moment de contester les titres de ses premiers parents. A quoi bon diminuer les services du Gouvernement provisoire et reprocher les torts énormes des commissaires? Quelles qu'aient été les fautes des hommes qui réduisent aujourd'hui la République à demander à la sagesse de la France ce qu'elle pouvait espérer de l'entraînement des premiers jours, la situation n'est pas changée depuis que la monarchie de Juillet s'est affaissée sans trouver de défenseurs ; je me trompe : la Constitution républicaine est aujourd'hui l'œuvre de la France.

Les partis avaient beau jeu pour s'agiter sous le Gouvernement provisoire et pour courir leurs chances ; mais loin de là ; ils s'embrassèrent sur l'autel de la patrie, qui ne fut pas, en ces jours d'émotion religieuse, un monument de carton fabriqué pour la circonstance. Ils brûlèrent leurs vaisseaux dé-

démâtés. Ils sacrifièrent leurs espérances. Cet holocauste si digne, offert sous l'œil visible de la Providence, transporta de joie tous ceux qui, indifférents aux querelles stériles de la politique, sans avoir jamais eu ni le désir ni le pressentiment de la forme républicaine, attendaient avec impatience le jour où tous les partis, oubliant leurs discordes factices, se voueraient uniquement au salut de l'ordre social et enlèveraient à ceux qui s'intitulent les socialistes le prétexte de dire qu'ils s'occupent seuls du bien être de tous. C'est l'Assemblée nationale qui nous enseigna à connaître et à servir la République ; c'est elle qui, dès le premier jour, nous entraîna par ses acclamations. Toutes les fois que, dans son sein, un orateur a paru faire du dévouement absolu à la cause républicaine le privilége d'une portion de l'Assemblée, tous se sont soulevés d'indignation. Ceux qui passent pour les plus tièdes amis de la République ont reproché aux ministres de n'avoir pas su la faire aimer autant qu'eux-mêmes l'auraient souhaité. Les restes des vieux partis s'abusent. Des hommes graves n'ont pas joué sur les mots. Ils n'ont pas pensé que le pays faisait une expérience à jour fixe, parce qu'il était jeté dans des épreuves laborieuses dont aucune prudence humaine n'a pu déterminer ni les conditions ni la durée. Non : quand bien même Louis-Napoléon, que les passions hostiles à la République et la démence impériale poussent à la Présidence, serait emporté, malgré lui, par les flots qu'il a déchaînés, et recevrait ainsi le châtiment des agitateurs; quand il devrait, dans un 15 mai napoléonien, subir le triomphe de Louis Blanc, la chance la meilleure pour les ennemis de la République, et la plus effroyable pour l'ordre social, la voici : les représentants de la souveraineté se diviseraient en deux partis, en deux gouvernements, en deux armées; et alors il aurait allumé, ce sauveur du crédit, la plus confuse et la plus inextricable des guerres civiles.

Quelles qu'aient été les épreuves douloureuses ou terribles que nous avons traversées depuis la révolution de Février, les gens de bien n'ont pas manqué d'une ineffable consolation.

Entre le droit et l'anarchie, entre la souveraineté nationale et les factions hostiles, la ligne de démarcation a toujours été nettement et profondément tracée. Plus les circonstances sont devenues extrêmes, plus les consciences honnêtes ont été paisibles. Nous avons su facilement où nous devions faire notre devoir. Ceux qui ont succombé dans nos discordes, à l'ombre d'un drapeau qu'ils n'avaient pas choisi, sont morts avec une sérénité d'âme et un contentement de patriotisme, qui fait envier plutôt que plaindre leur sort.

Conservons soigneusement ce bien suprême. Ne travaillons pas à produire ces temps mêlés et sombres, au milieu desquels il est plus difficile *de connaître son devoir que de le pratiquer*, ainsi que parlait un grand citoyen éprouvé par les horribles tempêtes du seizième siècle. Ces angoisses qui nous ont été épargnées, elles nous menaceront le jour où un parti douteux et une acclamation ambiguë se seront introduites sur la scène politique. Ce n'est pas dans la première période des guerres civiles que l'on voit les honnêtes gens affecter l'attitude désolée et passive que les historiens leur attribuent. Mais lorsque les partis anarchiques peuvent se parer d'un prétexte de légalité, et se mêler aux amis de l'ordre pour les entraîner et les perdre tout en se moquant d'eux, alors, les honnêtes gens, ne sachant plus se reconnaître ni se compter, ayant honte de combattre sous le même drapeau que leurs irréconciliables ennemis, se retirent de la lutte et s'enveloppent dans leurs manteaux ; l'anarchie n'a plus de frein et *la République démocratique et sociale* cesse d'être une chimère.

Hélas! nous parlons à coup sûr du mal que les souvenirs impériaux peuvent nous faire. Depuis que les napoléoniens les ont propagés par toute la France, à grand renfort d'orgues de Barbarie, de complaintes, de médailles, de bustes, de portraits, d'images à deux sous, ils sont effrayés eux-mêmes des éléments de combustion qu'ils ont amassés. Après avoir répandu sous nos pas la poudre fulminante, ils ont peur qu'elle ne fasse une explosion intempestive. Si ce cri de : *Vive l'Empereur*, qui, grâce à eux, mugit sourdement à nos oreilles, éclate, ils ont déjà leur excuse toute prête : ce sera l'effet de quelque manœuvre infâme de la police. En attendant, les clubs pervers ont repris toute leur audace; et nous autres, garde nationale de Paris et des départements, garde mobile, armée, que nous sommes loin déjà de cette fraternité sérieuse, de cette confiance absolue qui nous ralliait tous et nous consolait dans les bivouacs de juin ! Les forces de l'ordre public, que leur union compacte peut seule rendre invincibles, ont été divisées par le seul bruissement d'une rumeur équivoque.

Lorsque des effets si funestes se sont produits déjà, lorsque des éventualités si tristes se présentent aux esprits réfléchis, sans être timorés, c'est trop d'audace de dire que le nom de Napoléon, agité par Louis Napoléon, ramène le crédit.

Pour chasser la confiance il n'est pas nécessaire que toutes les conséquences d'une situation mauvaise se développent à la fois, il suffit que ces conséquences soient aperçues. nous n'avons formé aucune supposition imaginaire. Ce nom de *Napoléon*, qui doit dissiper tous les obstacles, nous l'avons appliqué, non pas à des fictions de notre esprit, non pas à des éventualités qui pourraient surgir, mais bien à des questions pendantes et à des faits engagés. Nous avons vu, qu'en toute chose, il diminuait l'autorité de la France, qu'il ne levait aucun embarras, qu'il en grossissait plusieurs, qu'il en suscitait de nouveaux. Ce prétendu talisman n'est que le plus grossier et le plus dangereux des trompe-l'œil.

Parmi les fauteurs de la candidature napoléonienne, les habiles le comprennent. En même temps qu'aux yeux de la foule ignorante ou irréfléchie, on fait valoir l'importance du nom de Napoléon, la grandeur des engagements et l'éclat des traditions qu'il impose à son héritier ; à d'autres, on tient un langage tout opposé. Le grand mérite de Louis-Napoléon :

C'est qu'il n'a aucun programme, celui qui n'est autre chose qu'un programme usé ;

Il n'a aucun engagement avec personne, le créateur du parti napoléonien ;

Il n'est pas connu, le héros de Strasbourg et de Boulogne, celui dont la célébrité joviale a parcouru le monde entier ;

Il représente l'avenir, le fantôme de l'Empire.

Bref, tous les hommes sérieux, tous les hommes modérés seront appelés à lui offrir un appui sympathique.

S'il en pouvait être ainsi, à quoi bon nous vouer à la risée du monde, pour posséder un président fainéant, jouet de ses ministres !

Une tradition des anciens temps, appliquée mal à propos à la société nouvelle, porte à penser que le salut commun peut être l'œuvre de quelques hommes d'État. Lorsque la vie politique était concentrée dans les cours, dans quelques corps privilégiés et dans un cercle d'institutions bornées, il se pouvait qu'en effet un ministre eût le génie de tenir et de conduire tous les fils des affaires publiques et d'imprimer à une nation entière la direction convenable ; mais dans un État libre, dans des temps aussi confus que les nôtres, le salut de la société dépend par dessus tout de l'activité soutenue des bons citoyens, de leur participation désintéressée à la vie publique. Ne choisissez pas l'empirique, qui, au risque de vous jeter dans l'inconnu, se vante de résoudre la crise qui tourmente la société ; tenez-vous pour satisfaits si vous rencontrez un homme loyal qui ne complique pas cette crise, qui n'efface pas la ligne de vos devoirs, et qui offre enfin au dévouement des gens de bien une carrière stable.

C'est vraiment avoir trop de confiance dans le talent des hommes, que d'accumuler comme à plaisir les plus graves embarras, comme si nous en manquions déjà, et de dire : «Voici l'ouvrage de notre président : nous voulons la paix et il nous apporte un nom qui excite à la guerre. Les souffrances publiques sont extrêmes, cependant nous devons augmenter le bien-être des masses. C'est la mission spéciale de notre révolution, et le nom de notre prétendant anéantit le crédit, l'instrument de toute amélioration matérielle. Nous foulons aux pieds tous les conseils de la prudence ; mais qu'importe ! nous aurons de si bons ministres, des hommes d'affaires, des politiques si expérimentés !..» Quoi ! sitôt après l'épreuve de la monarchie de Juillet, nous voilà revenus à la superstition pour les grands ministres, qui savent si bien endormir les sociétés malades et perdre les gouvernements !

Quelles sont donc les notabilités intrépides qui voudraient, sous les auspices de Louis-Napoléon, accepter le fardeau d'une situation si lourde déjà sans lui? Est-ce M. Molé qui pourchassait, en 1838, l'empereur de Strasbourg devenu Thurgovien, et qui parlait de ce rôle double avec une irrévérence si profondément sentie? Est-ce M. Thiers? Faut-il donc rappeler l'injure imméritée que Louis-Napoléon lui a faite, en le désignant dans ses ordres du jour du quartier-général de Boulogne, comme le président de son conseil, lui, M. Thiers, qui était alors premier ministre du roi Louis-Philippe. Le prétendant se faisait une si mince opinion de la loyauté de M. Thiers, qu'il le croyait tout disposé à trahir sur un signe le gouvernement qu'il servait, et qu'il avait, dans cette circonstance, le devoir de défendre énergiquement. Combien des relations politiques entamées par un outrage si direct, et cimentées par l'oubli complet de la dignité personnelle, auraient d'autorité et de charme! D'ailleurs, dans ce livre excellent de la *Propriété*, qu'il eût été si opportun d'écrire quinze ans plus tôt, M. Thiers n'a-t-il pas dit en propres termes que, *témoin de plusieurs révolutions, ayant vu faillir les institutions et les caractères* (on éprouverait à moins le besoin de se recueillir), *il n'attendait rien, ne désirait rien d'aucun pouvoir.*

Après tout, quand, au mépris de lui-même et de ses promesses les plus récentes, M. Thiers deviendrait le maire du palais de Louis-Napoléon, en vérité, qu'est-ce que la France y gagnerait? M. Thiers n'a-t-il pas déjà été ministre plusieurs fois? Et, tout dernièrement encore, n'a-t-il pas exercé, un ministère final, court, mais éclatant? N'est-ce pas lui qui pensa, le 24 février, dès l'aurore, que, parce qu'une affiche blanche, placardée dans les rues, faisait savoir qu'un grand nom parlementaire était chargé de groupper d'autres noms, tout-à-coup les passions confuses se sentaient assouvies, et que dix-huit années d'optimisme éloquent étaient rachetées? N'est-ce pas lui qui s'avisa de croire que la Réforme étant accomplie par un changement de mains, les soldats n'avaient qu'à lever la crosse en l'air et à se joindre au peuple pour célébrer, dans une sorte de farandole, le triomphe des inébranlables institutions de Juillet ?

Oui, M. Thiers eut aussi l'idolâtrie des noms ; mais le nom qui le fascina, c'est le sien, ce n'est pas celui de Louis-Napoléon. Les événements n'ont rien négligé pour détromper M. Thiers. Les barricades, que le talisman devait renverser, s'ébranlèrent, en effet, mais pour livrer passage au torrent qui envahit l'hôtel de ville, les Tuileries et la chambre des députés. Ne pouvant imaginer l'excès d'aveuglement qui précipita la révolution de 1848, le public a mieux aimé égarer d'indignes soupçons sur des officiers chers au pays. Nous avons en France tant de goût pour les orateurs merveilleux, que nous aurions voulu oublier l'échec suprême qui accabla l'homme d'État du 24 février. Peut-être y serions-nous parvenus à la longue, si celui qui a reçu cet enseignement, unique dans l'histoire du monde, avait témoigné, par la netteté et la nouveauté de ses conseils, qu'il s'en souvenait, et qu'il en avait fait part à ses amis de la veille et du lendemain.

Mais à quoi bon chercher quels hommes sages s'attacheront à la fortune de Louis-Napoléon? la place est prise.

M. de Girardin proclame aujourd'hui que le salut et le bonheur de la France dépendent de ce personnage, qu'en 1840 son journal ne trouvait pas même digne de pitié. Il a recruté déjà M. Alexandre Dumas, M. de Genoude, M. Véron, et l'école politique de Tragaldabas, les partisans du grotesque en littérature. C'est assez. Ne cherchons plus; le ministère de Louis-Napoléon est composé; il a trouvé ses Portalis, ses Tronchet, ses Daru, ses François de Neuchâteau, ses Chaptal! La parodie est trop triste; baissons la toile. Puisse-t-elle ne pas se relever!

———

Est-il vrai, cependant, que l'heure de la décadence ait sonné, et que la France soit irrévocablement vouée au *Bas-Empire*, dans quelque sens que l'on prenne ce mot ? Le scrutin du 10 décembre nous le dira. Autre chose est d'accepter, avec soumission, les arrêts du peuple souverain. Autre chose est de s'humilier devant lui avant qu'il ait eu le droit de commander.

Nous ne sommes pas de ces nouveaux convertis, qui dans leur respect hypocrite pour le suffrage universel, prétendent qu'il faut traiter en chose sainte une hypothèse, qui n'est encore, Dieu merci, que l'ébauche hardie de la déraison publique. Non, c'est un devoir, au contraire, de publier dans des circonstances si solennelles, les faits et les réflexions propres à éclairer le jugement de ses concitoyens. Gardons-nous de nous fier aux derniers adeptes de cette tactique savante, qui employèrent tant de constance et de talent à saper un gouvernement qu'ils voulaient affermir. Nous avons vu, le 24 février, ce que la stratégie parlementaire fournit de ressources, nous avons vu ce qu'elle donne de fermeté dans les jours de péril. Ne traitons pas comme s'ils étaient des demi-dieux ceux pour qui le soulèvement de 1848 fut une fabuleuse journée des dupes. N'invoquons pas les augures déconcertés, quand nous portons en nous-même le guide infaillible, la règle dont la certitude s'est accrue, dont la précision s'est aiguisée, à mesure que la Providence corrigeait la superbe des combinaisons de l'esprit. Pour de misérables querelles d'entourages, n'étouffons pas notre conscience qui nous crie : Quand le sort de la France est jeté, ce n'est pas le moment de s'enivrer de mots trompeurs ; ne boudez, ne trichez pas. Votons sérieusement et honnêtement.

FIN.

PREUVES.

(PAGE 7.)

Sur le petit chapeau.

Malgré ces dépositions si précises de deux hommes graves, on a soutenu que la malveillance seule a pu voir, dans le costume revêtu par le prétendant à Strasbourg, une imitation théâtrale des allures de l'Empereur. On a nié qu'il se fût coiffé d'un petit chapeau napoléonien. Je lis dans la *Relation historique*, ou plutôt apologétique *des événements du 30 octobre* 1836, que le prince Louis portait à Strasbourg l'uniforme des officiers d'artillerie, à cette différence près, qu'au shako d'ordonnance, il avait substitué un chapeau à trois cornes. C'est assez de cet aveu, pour que nous ayons le droit de dire que le prétendant avait voulu produire une illusion peu digne sur la foule, et parodier le *petit chapeau* qui, grâce aux dessins populaires de Charlet, est devenu, pour ainsi dire, un des traits de la physionomie de l'Empereur. Les auteurs de la relation ont beau ajouter que ce chapeau à cornes était conforme au modèle admis dans l'armée pour les officiers d'état-major ; ce n'est pas une question de chapellerie militaire ; quand bien même tous les experts du monde nous démontreraient, le compas à la main, qu'il y a des différences entre ce modèle de tricorne et le type du chapeau napoléonien, nous n'en persisterions pas moins à dire que Louis-Napoléon, se faisant saluer des cris de : *Vive l'Empereur!* montrant l'aigle impériale, cherchant, comme on dit, à ressusciter la magie de souvenirs napoléoniens, et remplaçant le shako exigé par l'uniforme qu'il avait choisi, pour prendre la forme la plus analogue à la coiffure populaire de l'Empereur, portait un *petit chapeau* destiné à rappeler Napoléon aux soldats. En effet, l'artifice, tout grossier qu'il était, ne manqua pas son effet. Des soldats du 4ᵉ d'artillerie prirent le prince Louis pour le petit caporal en personne. A Boulogne, même représentation de fantasmagorie napoléonienne, même *petit chapeau*. Dans la bagarre, le prince fut décoiffé. Personne ne put donc prendre la mesure de son couvre-chef, et cependant les soldats, retraçant l'impression que cette coiffure était destinée à produire sur eux, n'hésitent pas : « J'ai seulement « remarqué qu'il portait un petit chapeau comme l'em- « pereur Napoléon. » (COUR DES PAIRS, déposit. des tém., p. 140. Témoin Geoffroy, grenadier.)

(PAGE 51.)

Ceux des conjurés de Boulogne qui furent traduits devant la Cour des pairs ont nié énergiquement qu'ils eussent distribué de l'argent pour faire crier *vive l'Empereur!* Nous croyons à leur parole ; mais des protestations individuelles contre des faits généraux ne détruisent pas des preuves. Des témoignages isolés ne réfutent en aucune manière les dépositions formelles des témoins qui ont déclaré dans l'instruction qu'ils avaient vu offrir, ou qu'on leur avait offert à eux-mêmes des pièces de monnaie. Tels sont Guilbert, brigadier des douanes (Déposit. des tém., p. 105), Lamour, préposé des douanes, (pag. 185), etc., etc. L'élite seulement des conjurés fut traduite devant la Cour des pairs. Ceux-là répugnaient, par leurs antécédents, le désintéressement et l'aveuglement même de leur ardeur napoléonienne, à l'emploi de tels moyens. Les autres avaient été relâchés, et il est parfaitement concevable, d'autant plus que cela est prouvé, que les agents infimes, involontaires du prince Louis, ayant reçu de l'argent pendant la traversée, ne devaient éprouver aucun scrupule en employant le même genre de propagande. D'ailleurs, on n'a pas oublié la déposition du chef des douaniers et l'aveu du prince Louis.

TABLE DES MATIÈRES.

Chapitre premier. — Strasbourg.	5
Chapitre II. — L'Épisode thurgovien.	17
Chapitre III. — Boulogne.	39
Chapitre IV. — Les écrits de Louis-Napoléon.	67
Chapitre V. — La candidature.	85
Preuves.	129

www.ingramcontent.com/pod-product-compliance
Lightning Source LLC
Chambersburg PA
CBHW060153100426
42744CB00007B/1015